'최강 소니TV' 꺾은
집념의 샐러리맨

'최강 소니TV' 꺾은 집념의 샐러리맨

이승현의 세상도발

이승현 지음

꽁치북스

오늘 아침처럼 시작하고
어제 저녁처럼 돌아오라

인간으로 태어난 것부터 기적 중 기적이다. 설사 자신을 아무렇지 않은 존재라고 여길 수는 있어도, 우리 모두는 수많은 정자들이 난자와 결합하기 위해 치열한 경쟁한 끝에 수정돼 태어난 기적의 산물이다. 이때부터 우리 인생은 주어진 것 자체가 소위 '남는 장사'다.

나는 해남 땅끝마을 앞바다의 작은 섬 어룡도에서 출생했다. 거북선보다 더 멋진 군함을 만들겠다는 꿈으로 공고와 공대에 진학했다.

첫 직장은 조선소였다. 그 뒤 삼성으로 옮겨 일본 주재원 시절 '삼성 TV 세계 1위'의 초석을 놓은 샐러리맨이 됐다. 당시 아무도 엄두를 못 냈던 소니 TV의 막강한 벽을 부수는 제 1열의 전사가 된 것이다. 귀국해서는 '삼성 LCD TV' PM 그룹장을 맡아 "제가 한번 세계 1등으로 만들어보겠습니다"라는 다짐을 현실에서 기적(?)처럼 이뤄냈다. 그리고 삼성을 떠나 나는 회사를 창업했다. '대기업' 온실에서 나와 허허벌판에 섰을 때 극단적 선택을 생각할 정도로 힘든 과정을 거쳐왔고 이겨냈다.

　한 인간의 열정은 그 자신의 운명을 바꾸고 조직을 바꾸고 나라의 앞날을 바꿀 수도 있는 것이다. 그 어떤 사람도 태어나면서부터 결정된 인생은 없다. '인생은 ○○이다'라고 정의하라고 하면, 내 답은 이렇다. "인생은 도전이다."

　결코 자신을 포기하지 마라. 태어날 때부터 우리는 인생이 '공짜 선물'로 주어졌기에 이미 '남는 장사'를 하고 있다. 뭔가를 해서 밑질 것은 없다. 끝없이 도전하고 모험하라.

　나는 늘 내게 하는 당부를 독자들에게 건네고 싶다.
　"오늘 아침처럼 시작하고 어제 저녁처럼 무사히 돌아오라."

2023년 가을, 이승현

목차

서문 오늘 아침처럼 시작하고 어제 저녁처럼 돌아오라

샐러리맨의 시간

1. 앗, 눈 떠보니 영화처럼 집이 기울어져 있었다　　011
2. 일본은 나의 운명?　　017
3. 달걀로 바위를 치다　　024
4. 영화 '쉬리'를 타고 날아오르다　　031
5. 서양인과 일본인 앞에서 기죽으면 안 된다　　036
6. "회장님, 왜 마누라는 빼라고 하셨습니까?"　　042

땀의 시간

7. 난보야 난보야　　051
8. SM5를 보면 지금도 가슴 먹먹해지는 까닭　　057
9. 조선소 직원이 반도체 회사로 옮겨간 것은 운명?　　065
10. 삼성에서의 '화양연화' 시절　　072
11. 너 허파에 바람 들어갔어?　　078

조직을 떠나는 시간

12. 창피한 생각조차 없이 엉엉 울며 108배   087
13. 일본 회사 임원이 사무실에서 혼자 도시락을 먹는 까닭   093
14. 사장을 할 팔자는 따로 있나?   100
15. 나는 '대기업 온실'에서 피워진 꽃이었나   105
16. 마케팅으로 살 거냐, 인성으로 살 거냐   109
17. 직장 생존술 5가지 팁   116
18. "야! 초등학교를 실업계 나왔어?"   122
19. 돈을 좇지 말고 일을 좇아라   128

소년의 시간

20. 거북선보다 더 위대한 군함을 만들겠다   135
21. 개띠인 내가 어룡도에서 태어난 이유   142
22. 교만의 대가   147
23. 유리컵에 벼룩을 넣고 뚜껑을 닫아두면   152

가족의 시간

24. 영혼의 세수   161
25. 나의 몸은 풀잎 끝의 이슬   166
26. 이나모리 가즈오   171
27. 뭐라긴? 얼른 장가보내라고 하지   176
28. 암자는 암자다워야 한다   182

29. 어머니의 임종과 불효자식   189

30. 박경리 작가의 친구 '호랑이 장모님'과 무료급식소   196

감사의 시간

31. 미군 퇴역 군인 요양원에 선물한 안마의자 3대   205

32.   MZ세대가 꼽는 인생에서 가장 중요한 것   214

33. 두려움은 어떻게 극복하는가   220

34. '숨은 공로자' 한국외국기업들   227

35. 내가 아는 한 그렇게 인색한 기업인은 없다   233

미지의 시간

36. 대표님의 성공 비결은 뭔가요?   241

37. 나의 사랑 지리산, 그리고 미국의 그랜드캐니언   248

38. '초코파이 계'   254

39. 나라의 위상을 결정짓는 것은?   260

40. 작별, 그리고 출발   266

#
샐러리맨의
시간

1

앗, 눈 떠보니 영화처럼
집이 기울어져 있었다

덜컥 겁이 났다

나에게는 잊을 수 없는 사건이 있다. 오사카에서 삼성전자 일본 주재원으로 근무하던 1995년, 고베와 오사카 지역에서 발생한 '관서(關西) 대지진'이 그것이다. '고베 대지진'이라는 이름으로 널리 알려진 이 사건은 1995년 1월 17일 새벽 5시 46분에 일어났다. 진도 7.2로 기록되어 있으나 엄청난 진동과 파괴력으로 인해 진도를 측정하는 기계가 고장이 난 까닭에 실제로는 진도 7.2를 훨씬 웃도는 엄청난 지진이었다.

나는 잠을 자던 중 집이 흔들리는 것을 몸으로 느끼며 눈을 떴다. 일어나보니 마치 영화처럼 집이 기울어져 있었다. 엉망으로 쓰러진 피아노며 가구들을 지나쳐 아이들을 깨우러 가는데 몸이 계속 흔들려 앞으로 나아갈 수가 없었다.

덜컥 겁이 났다. 이러다 일본 땅에서 우리 가족이 잘못되는 것은 아닌가 싶어 몸이 떨리고 두려움이 솟구쳤다. 휴대전화도 없던 시절이었다.

날이 밝자마자 겨우 집에서 나와서 일단 회사로 향했다. 출근길에 본, 수많은 건물이 무너지고 금이 가고 파괴되어 있던 모습은 지금도 생생하다. 사망자 약 6,300여 명, 부상자 약 2만 6,800여 명에 20만 명 이상의 이재민이 발생한 믿을 수 없는 사건이었다.

전 세계적으로 일제히 뉴스가 나오기 시작할 때, 삼성에서는 구호 봉사활동에 참가하기로 결정했다. 나는 그 '봉사단'을 꾸려서 단장을 맡게 되었다. 일본의 문화와 역사 등을 체험하기 위해 일본에 지역전문가로 파견된 사원 50여 명을 이끌고 오사카보다 훨씬 피해 규모가 큰 고베로 향했다. 도로가 온통 망가진 상황이었기에 고베로 가는 것조차 쉽지 않았다. 게다가 가는 동안에도 여진이 이어졌다. 조금만 땅이 흔들려도 극한의 공포를 느끼면서 우리는 한 걸음씩 고베를 향해 나아갔다.

고베에 도착하자 고베 시청에서 나온 공무원들이 해야 할 일을 알려주고, 봉사단이 지낼 곳을 마련해주었다. 노상이나 다름없는 곳이었으나 아무도 불평하지 않았다. 고베 민단 건물 맨바닥에 담요를 깔고 숙식을 해결하면서 구호 활동을 벌였다. 낮에는 도로를 정비하거나 시설을 복구하며 고된 시간을 보냈다. 밤이 되어도 잠을 자는 사람이 없었다. 언제 다시 여진이 올지 모른다는 두려움 때문이었다.

재난 앞에서도 일본인들은...

　죽음의 공포를 느끼며 봉사하는 동안, 이처럼 엄청난 일을 겪은 후에도 차분하게 자신의 자리에서 해야 할 일을 하며 일상을 살아가는 일본사람들의 모습을 나도 모르게 관찰하게 되었다. 재난 속 일본인들은 무서울 정도로 침착한 질서의식을 보여주었다. 비명도 통곡 소리도 가슴을 치며 울음을 터트리는 이도 거의 없는 재해의 현장은 무척이나 낯설었다.

　이들은 질서 정연하게 줄을 서서 물과 음식을 배급받았다. 슬픔과 고통의 감정을 크게 드러내지 않았다. 희망을 버렸거나 자포자기한 것도, 죽음에 무감각해서 그런 것도 아니었다. 자신으로 인해 남에게 폐를 끼치지 않는, 오랫동안 그들이 살아왔던 몸에 체화된 방식이었다. 감정을 솔직하게 드러내지 않는 일본인들을 이러쿵저러쿵 험담하는 이들도 없지 않다. 하지만 내 눈에는 지나치게 슬퍼하거나 지나치게 기뻐하지 않는, 재난 앞에서도 질서정연한 모습은 참으로 인상적이었다.

　우리 일행은 일주일 동안 스스로 식사를 해결했다. 마트에서는 일가족의 하루치 식량 정도만 판매하였다. 나는 구호 봉사대 일행

"
우리는 오사카에서
구호 활동
자원봉사 하러 온
한국인들입니다.
총 인원이
50명입니다

의 식사를 준비하기 위해 마트에 라면 50개를 사러 갔다. 마트 주인으로부터 '한 번에 그렇게 많은 양은 판매할 수 없다'는 답변이 돌아왔다. 나는 주인에게 사정했다.

"우리는 오사카에서 구호 활동 자원봉사 하러 온 한국인들입니다. 총 인원이 50명입니다."

그러자 마트 주인은 연신 머리와 허리를 숙이면서 감사를 표하더니 값을 깎아주고 덤으로 생수를 안겨주었다.

이 경험을 통해 나는 일본과 일본인이 우리와 어떤 점이 어떻게 다른지를 두고두고 생각하게 되었다. 돌이켜보면 이후 일본에서 사업을 진행하고 성공했을 때, 고베 대지진 현장의 관찰과 경험은 아주 큰 도움이 되었다.

나는 일본인들이 가능하면 남과 다투지 않는 이유가 이런 재난 상황 때문이 아닐까 하는 생각을 했다. 언젠가는 위험이 닥치고, 그 때에는 어쩔 수 없이 남의 도움을 받아야 한다는 사실을 생리적으로 알고 있는 그들은 자연재해에 대한 공포심을 통해 다른 한편으로 질서의식을 배양하고, 타인에 대한 배려와 엄격한 예의로 발전시켰는지도 모른다.

일주일째 되는 날에 나타난 노인

—

봉사활동을 마치고 일상으로 복귀한 나는 삼성자동차 사업부로 가게 되었다. 이때 처음으로 나는 한국으로 돌아갈까 고민했다. 가족들에게는 아무렇지 않은 척했어도 실은 다시 지진을 겪게 될까 두렵고 무서웠다. 자동차 사업부에서 일하면서 오사카를 떠나 도쿄에 정착한 후에도 나는 아주 오랫동안 두려움에서 완전히 벗어나지는 못했다. 하지만 이때의 경험 덕분이었을까. 나는 몸으로 하는 봉사의 중요함을 깨달았다.

주재원 생활을 마치고 한국으로 돌아온 뒤 사람들과 함께 서울역과 탑골공원 등에서 급식을 나누는 봉사활동을 하게 된 것도 고베대지진을 겪었던 영향이 컸다. 무료급식소에 어떤 사람들이 밥을 받으러 오는지, 어떤 사람이 봉사하러 오는지, 봉사단에게 지금 필요한 것은 무엇인지, 현장에서 직접 확인하고 이야기를 듣는 습관도 그때 얻은 것이다. 장기적으로는 제도와 정책을 만드는 것도 중요하지만 당장 도움의 손길이 필요한 이웃들에게는 작은 보살핌 하나하나가 얼마나 중요한지 알기 때문이다.

서울역에서 하는 급식 나눔에는 노숙자들이 많이 온다. 하지만 탑골공원에서 급식 나눔을 할 때는 의지처가 없는 노인들이 많이 온다. 노숙자들에게는 한 끼의 밥이 정말로 소중하다. 하지만 노인들에게는 어떨까. 한 번은 탑골공원 급식을 드시던 노인 한 분이 넘어져 다친 적이 있었다. 봉사자들이 병원으로 모셔가려고 하자 노인은 상처에서 피가 나는데도 서둘러 도망을 쳤다. 그리고는 일주일 가까이 급식을 드시러 오지 않았다. 날마다 오시던 분

"
병원에 가면
자식들이
알게 되잖아.
자식들이 알게
되면 요양원에
보내려고 할 거다

이 일주일째 보이지 않자 봉사자들 모두 마음이 무거웠다. 그런데 일주일째 되는 날, 얼추 상처가 아문 얼굴로 노인이 나타났다. 안부를 물으며 걱정하자 노인이 말했다.

"병원에 가면 자식들이 알게 되잖아. 자식들이 알게 되면 요양원에 보내려고 할 거다. 아직은 그래도 내 두 발로 이렇게 나와서 밥도 먹고, 사람도 만나고 할 수 있다. 나는 할 수 있는데 자식들 생각은 또 다르니까…"

말끝을 흐리는 노인을 보면서 마음이 아팠다.

코로나가 잠잠해진 2023년 5월 8일 어버이날을 맞아, 조계사에서 장수 어르신들을 모시고 식사를 대접하는 자리를 마련했을 때, 나는 선뜻 동참했다. 식판이 아니라 제대로 된 밥그릇과 국그릇, 반찬 그릇에 차려진 따뜻한 밥 한 끼를 대접해드리는 자리였다. 쫓기지 않고, 바닥이 아닌 식탁에 앉아서 즐거운 얼굴로 천천히 식사하는 노인들의 표정을 봤다. 내 마음이 찡했다. 비록 몸은 고되고, 평소 급식 나눔을 할 때보다 시간도 훨씬 오래 걸렸지만 좋아하던 노인들의 모습을 떠올리면 지금도 흐뭇하다. 지진을 겪으며 공포와 두려움도 컸으나 이를 통해 나는 봉사와 나눔의 가치를 제대로 알게 된 셈이다.

2.
일본은 나의 운명?

일본으로 가라

1992년 말 나는 삼성전자 일본 주재원으로 출국해 약 10년 가까이 근무했다. 주재원으로 근무하는 10년 사이 전자상거래를 통해 삼성 LCD(액정 화면) 모니터 판매를 실현했고, 이 성공은 본사로 돌아온 이후 LCD TV 사업화를 책임지는 업무를 맡는 계기가 됐다.

당시 TV 시장은 소니와 도시바 주도의 프로젝션 TV, 파나소닉 주도의 PDP TV, 샤프 주도의 LCD TV가 디지털 TV 표준을 놓고 사생결단을 벌이는 형국이었는데, LCD TV를 끝까지 밀어붙인 삼성전자가 마침내 일본 빅3를 제압하고 세계 1등 TV 메이커가 되었다. 그 실무 책임자로 일하며 고생도 많았지만 보람도 컸다.

이보다 앞서 1992년 중순, 상사로부터 경리과장을 해보는 것이 어떻겠느냐는 제안을 받았다. 경리 업무는 삼성에서 근무하는 동안에는 승진에 날개를 다는 부서였지만 나는 상사의 제안을 받아들이는 대신 글로벌 시대를 대비하여 해외주재원으로 나가서 세상을 보는 안목을 더 키우는 것이 좋겠다며 당돌하게 주재원 파견을 요청했다. 바람이 들었다고도 할 수 있겠으나, 옥포 대우조선소 시절에 경험했던 첫 미국 출장에 대한 기억이 여전히 강렬했기에 외국을 더 경험해보고 싶었던 것이다.

결과적으로, 아니 운명적으로 일본으로 가라는 지침을 받게 되었다. 오랫동안 감사팀 근무로 지친 나는 해외 근무라는 돌파구를 얻게 된 셈이었는데, 당시 경리 업무를 제안했던 그분은 지금 이 세상에 안 계신다.

나는 즉시 용인 삼성 외국어 연수원으로 입소했다. 이곳은 3개월 단위로 개강하는데 50명의 사원이 네 개 반으로 편성돼 공부한다. 마침 학기 개강 직전이었고 초급반에 배정된 나는 외국어생활관에서 기숙하며 일본어 공부에 몰두했다. 10주간의 일본어 연수가 끝나자 1992년 말 일본 주재원 발령이 났는데 직무는 기획 담당이었다.

삼성전자 일본 주재원 사무실은 도요토미 히데요시가 건축한 오사카성 근처에 위치했다. 말하자면 조선을 침략한 도요토미 히데요시 성 앞에 전진기지를 차린 셈이었다. 이전에는 지저분

했던 오사카성 성곽과 그 주변을 파나소닉 창업자인 마쓰시타 고노스케 회장이 전격적으로 재개발해 완전히 신도시로 만든 곳이었다.

일제의 마지막 총독 아베 노부유키는 한반도를 떠나면서 섬뜩한 말을 남겼다. 그는 고별사에서 "조선은 승리한 것이 아니다. 장담하건대 조선인이 제 정신을 차리고 찬란하고 위대했던 옛 조선의 영광을 되찾으려면 100년이란 세월이 훨씬 걸릴 것이다. 우리 일본은 조선인에게 총과 대포보다 무서운 식민 교육을 심어놓았다. 결국 서로 이간질하며 노예적 삶을 살 것이다. 보라 실로 조선은 위대했고 찬란했지만 현재 조선은 결국 식민 교육의 노예로 전락할 것이다. 그리고 나 아베 노부유키는 다시 돌아온다"라고 말했다.

아베 고별사의 핵심은 우리나라 사람들에게 식민지 교육을 통해 '이간질'을 심어 놓았으며, 그 이간질로 한민족이 뿔뿔이 갈라지면 그 틈으로 일본이 파고 들어올 거라는 계획이고, 이러한 생각이 일본인들의 머릿속에 있다는 것이다. 항간에서 우리나라 사람은 자기 잘되는 것보다 남 못 되는 것을 더 좋아하는 기질이 있다고 하는데, 그 심리를 일제가 심어주었다는 말인가. 나는 우리나라가 두 동강, 세 동강… 열 동강으로 갈라지는 현실이 두렵기만 한데, 많은 사람들이 아베의 고별사를 망각한 것 같다.

일본 주재원들의 기본 업무

일제강점의 굴욕적인 역사를 상기할 수밖에 없는 그곳, 신축 빌딩과 최고급 호텔이 밀집한 신시가지 한가운데 자리한 최신식 빌딩에서 나는 주재원 업무를 시작했다.

오사카에 짐을 풀고 아들과 딸은 한국계 초등학교로 전학했다. 아들이 초등학교 4학년이고 딸은 2학년이었다. 주재원 근무는 가족이 함께 해외로 이주해 생활하는 일이라 회사 입장에서는 비용이 많이 드는 투자인 셈이다. 더군다나 일본은 물가도 비싼 나라였다. 그러나 그곳에는 파나소닉(Panasonic)과 샤프(Sharp), 미쓰비시(Mitsubishi)와 토요타(Toyota) 같은 세계 굴지의 기업이 있었다.

당시 IT 분야는 일본 기업들이 세계적으로 월등한 실력을 자랑하고 있었으므로 한국은 그들이 나아가는 방향과 그들의 현재 상황을 비롯한 핵심 프로젝트를 파악할 필요가 있었다. 내가 소속된 기획 파트는 6명으로 구성돼 있었다. 구매 파트와 판매 파트도 있었으나 당시 삼성의 일본 주재원의 기본 업무는 기획이었다.

선진국 일본의 동향을 파악하기 위해 우리는 시장을 돌며 상품을 살펴보고, 관련 잡지를 읽거나 뉴스를 체크해 일본 산업계의 상황을 보다 신속하게 한국 본사에 정확하게 보고하였다. 우리로서는 일본이 현재 무엇을 어떻게 하고 있다는 것 자체가 굉장한 정보였다. 그걸 따라서 흉내라도 내볼 수 있었기 때문이다.

예를 들어 아이들이 처음 학교에 들어가서 공부를 시작해보니 옆의 친구가 유난히 공부를 잘하는 걸 알게 되고, 그 친구의 공부법이 남다른 걸 알게 되었다면 어떻게 할까? 그 친구의 남다른 공부 비법을 알게 되는 것은 달걀 끝을 깨뜨려서 세웠던 콜럼버스의 달걀과 같은 것이다. 시시하게 여길 수도 있겠지만 그 비법을 알아내는 게 굉장히 중요한 일이 된다.

매일 주요 뉴스를 파악하고 핵심을 짚어내려고 했고, 기사에서 암시하고 있는 심층 정보를 알아내기 위해 사람들을 만나기도 했다. 당시 일본 제품을 베끼는 수준에 불과했던 한국에 비해 전자왕국 일본의 정보력은 20~30년 앞서 있었다. 그런 일본은 기록문화가 상당히 잘돼 있기 때문에 신문·잡지·뉴스만 꼼꼼하게 챙겨도 웬만한 정보를 얻을 수 있었다.

때때로 동종 상품을 생산하는 공장을 직접 방문해 부품 조달을 타진하기도 했는데, 계약 성사만이 목적이 아니라 일본 기업이 나가는 방향과 현재 상황을 파악하는 것이 우선이었다. 본사의 연구와 생산판매에 관한 전략 수립을 위해 우리는 일본 산업계의 현황을 보다 신속하고 정확하게 보고하기 위해 최선을 다했다. 새로운 부품이 나오면 그 부품을 구입할 수 있는 방법을 뚫는 일 역시 우리의 임무였다. 당시 우리나라로선 기술과 정보에 있어서 일본의 도움이 절대적으로 필요했기 때문이다.

이건희 회장의 '품질경영'

———

하지만 변화는 어느 날 갑자기, 그리고 확실하게 시작되었다. 1993년은 이건희 회장이 취임 5년째가 되는 해였고, 이건희 회장은 본격적으로 경영 일선에 나서며 무엇보다 제품의 품질을 높이라고 주문했고 그래서 소위 '품질경영'이 시작됐다.

이건희 회장의 '품질경영' 지시는 그해 초 임원들과 함께 찾은 미국 로스앤젤레스 가전제품매장에서 감지한 위기의식 때문이었다. 이 회장은 GE, 월풀(Whirlpool), 필립스(Philips), 소니(Sony), 도시바(Toshiba) 등 세계 일류 제품들에 밀려 매장 구석 자리에 먼지를 뒤집어쓰고 있는 삼성 전자제품을 보고 큰 충격을 받았다고 한다. 그후 이른바 'LA 회의'로 일컬어지는 긴급회의에서 손수 삼성 제품과 경쟁사 제품을 분해해 기능과 부품의 차이점을 지적하며 품질혁신의 솔선수범과 의지를 주창했다. 바뀌지 않으면 살아남을 수 없다는 위기감이 본능적으로 발휘된 것이다.

한국으로 돌아오자마자 이건희 회장은 당장 제품의 품질을 높이는 '품질경영'을 시작했다. 같은 해 6월, 독일 프랑크푸르트에서 '마누라와 자식 **빼고** 다 바꿔야 한다!'라고 선언했다. 이를 기점으로 이건희 회장을 주축으로 한 삼성의 신경영이 발진하게 된다.

당시 오사카에 있던 나는 이건희 회장이 주재한 '삼성 신경영 오사카 회의'에 회장 비서실 전략기획팀과 함께 진행을 맡게 되었다. 이때 나는 이건희 회장이 이끄는 혁신이 엄청난 태풍이 될 것임을 직감했고 그 시작을 두 눈으로 확인했다. 이 경험은 이후 나를 이끄는 가장 중요한 원동력 중의 하나가 되었다.

3.

달걀로 바위를 치다

소니 본사를 바라보며
—

내가 주재원으로 근무하던 1999년은 삼성그룹의 일본 진출 50년이 되는 해였다. 하지만 브랜드 인지도는 올라가지 않았다. 삼성 전자제품은 저가 제품이라는 이미지가 강했다. 최대 전자상가인 '아키하바라(秋葉原)'는 물론이고 전국적으로도 고전을 면치 못했다. 이를 극복하기 위해 삼성은 도쿄에 신규사업팀을 만들었다. 삼성자동차 동경지점 폐쇄를 마무리한 나에게 신규사업팀장을 맡으라는 명령이 떨어졌다.

우리 팀의 최우선 임무는 삼성전자 브랜드 인지도를 상향시키고 제품의 저가 이미지를 탈피할 수 있는 대책을 마련하는 일이었다. 일본 시장의 특성은 외부 세계에 매우 배타적이며, 특히 약자에게는 강한 태도를 보이는 역사성을 갖고 있기 때문에 경쟁력이 낮은 제품은 고전할 수밖에 없었다. 그런 상황에서 일본을 꺾기 위한 방안을 강구하라는 그룹 최고위층의 지시가 떨어진 것이었다.

그때 마침 삼성 본사는 새로운 디바이스였던 'LCD 모니터'로 미국 시장을 석권하고 있었고, '전자상거래'라는 용어가 막 세상에 나오고 있었다. 나는 삼성의 최신 제품인 TV 기능이 내장된 다기능 모니터를 전자상거래로 판매하자는 제안을 건의했다. 전자상거래에 대해 공부하고 조사한 뒤 경영진을 설득했다. 마침내 최고경영층에서 승인이 떨어졌다.

하지만 전자상거래 사업을 시작하기 위해서는 넘어야 할 산이 한두 가지가 아니었다. 가장 중요한 것은 홈페이지(시스템)을 구축하는 것이었으나, 당시 일본에서도 미개척 분야였기 때문에 경험을 가진 IT 회사가 없었다.

다음으로 넘어야 할 산은 까다롭기로 소문난 일본 소비자들을 어떻게 설득해 판매로 연결할 것인지, 여기에 필요한 어마어마한 광고비는 어떻게 조달할 것인지, 판매사이트를 관리하고 운영할 인력과 조직은 어떻게 할 것인지, 선입금을 꺼리는 고객을 어떻게 설득할 것인지, 실물을 직접 보고 구매하는 습관이 체질화되어 있는 일본 고객들에게 일본 내 판매 거점 하나 없이 어떻게 실물을 보게 할 것인지 등등 헤아릴 수 없는 난관이 앞을 가로막고 있었다.

망망대해 돛단배처럼

이외에도 일본의 유통점을 통해서 삼성 제품을 판매해온 기존의 영업 조직으로부터 인터넷 사이트 판매가격이 자신들의 판매가격보다 저렴한 것에 대해 반발하는 분위기가 감지되고 있었다. 유통점을 통해 조여오는 반발 압력은 나를 더욱 어렵게 만들었다. 비유하자면, 돛단배에 홀로 앉아 방향조차 알 수 없는 망망대해를 바라보는 막막한 기분이었다.

한번은 도쿄 시내 시나가와로 나가서 소니 본사를 바라보며 결기를 다지기도 하였다. "간절한 마음으로 최선을 다하면 해결의 문은 열릴 것이다!"

돌아보면 맨발로 시작한 일본 주재원 생활을 포함해 내 생애를 통틀어 처음부터 쉬운 비즈니스는 어디에도 없었다. 그동안 일본에서 사귀었던 사람들, 일본 대기업 TV사업부장 출신 고문, 유통점 담당 영업 경험자들을 만나 자문을 구했고, 특히 일본과 한국의 서점에 나와 있는 수많은 관련 책들을 그야말로 닥치는 대로 구입해 공부하다 보니, 걱정거리들을 풀어나갈 방법이 하나씩 보이기 시작하였다.

당시 일본에는 전자상거래를 컨설팅하는 중소 규모 회사가 있었고, 그중에는 'e-Business(전자상거래)' 용어를 최초로 작명한 미국계 회사도 있었다. 샌프란시스코 스탠퍼드대 인근 실리콘밸리에 본사를 둔 맥켄나 그룹이었다.

"
우리가 집에 가면 가장 먼저 하는 행동이 TV 전원을 켜는 것이며, TV는 피로에 지친 우리를 가장 편안하게 해주는 가장 친한 장난감이어야 한다

마침 도쿄에 맥켄나 일본 지사가 있어 이곳을 통해 컨설팅을 의뢰하자 어마어마한 비용을 요구했다. 우리 사업자금으로는 감당할 수 없는 비용이었다. 나는 포기하지 않고 최소한의 '성공 키워드(Key Success Factor)'만이라도 알려달라고 맥켄나 본사를 설득했다.

"이 프로젝트는 삼성이 하는 사업이고, 만약 이 프로젝트가 일본에서 성공하면 엄청난 반향이 있을 것이다. 전자상거래는 지금 아무도 시도하지 않고 있다. 삼성이 일본에서 전자상거래를 처음 시작하면 결과적으로 좋은 '테스트 베드'(시험대)가 되고, 맥켄나에 도움을 주지 않겠는가."

일본에서 삼성이 진행하는 최초의 프로젝트라는 점은 이제 막 전자상거래 비즈니스를 확장하고자 하였던 맥켄나에게도 매력적이었을 것이다. 최소 예산으로 컨설팅을 해주겠다는 답을 듣자마자, 나는 곧바로 맥켄나 미국 본사로 날아갔다. 맥켄나와 3차례 미팅을 하면서 벤처 기업가들이 알아야 할 것들은 물론 훗날 세계 1등 TV를 위한 가장 중요한 키워드를 습득할 수 있었다.

"우리가 집에 가면 가장 먼저 하는 행동이 TV 전원을 켜는 것이며, TV는 피로에 지친 우리를 가장 편안하게 해주는 가장 친한 장난감이어야 한다."

이게 TV의 핵심이었다. 나는 미국 전문가들의 능력에 다시금 감탄하였다.

> 지금 우리에게 익숙한 로켓배송, 100% 교환, 환불 제도를 처음으로 시도한 것이다

전자상거래는 그야말로 하나의 회사를 만드는 일이었다. 물건을 주문받아 배달하고 애프터 서

비스(AS)까지 모든 일을 한꺼번에 감당해야 하는 사업이었다. 유통점(오프라인)을 통한 상품 판매는 판매점에 배달하는 것으로 끝나지만, 전자상거래는 판매의 전후 업무가 유기적이었다.

전자상거래 사이트를 개발하는 업무는 맥켄나와 업무 제휴를 맺고 있는 일본의 중견 IT 회사와 연결되면서 비로소 해결됐다. 그 IT 회사는 밤을 새워 가며 적극적으로 협조해 주었다.

가장 큰 난관

———

많은 문제를 해결했으나 아직 가장 큰 난관이 남아 있었는데, 그것은 소비자들이 전자상거래에 익숙하지 않다는 점이었다. 1999년 당시엔 인터넷이 활성화되지 않은 시기였고 더구나 중년층 이상은 접근하기가 어려웠다. 소비자들 입장에서는 직접 보지도 않은 물건을 선불로 구매하는, 도무지 이해할 수 없는 새로운 방식이었다. TV 모니터 가격도 쉽게 결정할 수 있는 액수가 아니었다. 당시 14인치가 원화로 100만 원이 넘고 17인치는 200만 원이 넘는 고가인 데다, 주된 고객인 청소년층에게는 정작 돈이 없는 게 단점이었다.

해결할 수 없는 걱정을 뒤로 한 채 우리는 일단 홈페이지에 접근이 가능한 소비자를 주요 타깃으로 정하고 홈페이지와 24시간 콜센터를 개설했다. 결제 완료 시 주문 다음 날 일본 전국 어디에서나 제품을 배달받을 수 있음을 강조했다. 불량이나 고장이 발생하면 무조건 완제품으로 교체해준다고 약속했다. 24시간 콜센터는 당시 일본에서도 거의 선보이지 않았던 매우 앞선 서비스였다.

지금 우리에게 익숙한 로켓배송, 100% 교환, 환불 제도를 처음으로 시도한 것이다. 온라인으로 할 수 있는 만반의 준비를 마친 후에는 제품을 직접 보고 싶어 할 고객을 위해 오프라인 매장도 열었다.

이때 우리 팀은 난공불락의 아키하바라에 개선장군처럼 들어갈 수 있는 한 가지 묘안을 짜냈다. 그때 아키하바라의 게임소프트웨어 판매상들은 게임소프트웨어를 브라운관 모니터에 연결해서 보여주었기에 화질이 엉망일 수밖에 없다는 단점을 보완해주는 제안이었다.

"우리 다기능 모니터를 무료로 대여해줄 테니 게임소프트웨어를 연결해 진열해달라. 대신 우리 상품도 몇 개 전시할 장소를 마련해주면 좋겠다."

우리는 아키하바라에 있는 게임소프트웨어 판매상에게 삼성 다기능 모니터를 사용해보라며 협상했다. 그들의 눈앞에 삼성 다기능 모니터에 게임소프트웨어를 연결해서 보여주니, 선명한 화질에 놀란 그들은 협상을 받아들였다. 덕분에 우리는 도쿄 아키하바라라는 최상의 장소에 공짜로 상품 전시 공간을 만들 수 있었다. 삼성 다기능 모니터에 연결한 게임소프트웨어 역시 상품성이 좋아졌으므로 게임소프트웨어 판매상도 수익을 올릴 수 있어 완벽한 윈윈이었다. 이후 점차 일본 주요 도시에도 이러한 방식을 통해 전시 공간을 확대해 나아갔다.

이제 남은 문제는 소비자들에게 상품 주문 사이트를 알리는 가장 중요한 일이었다. 소비자들이 인터넷 사이트 주소를 알아야 상품을 구매할 수 있고 홈페이지를 알리는 가장 직접적이고 효과적인 방법은 광고였으나, 일본의 주요 매체 및 채널 광고비용은 그야말로 살인적이었다. 당시 『니혼게이자이신문(日本經濟新聞)』의 컬러 전면광고의 1회 게재 비용이 우리 돈으로 약 1억 원 정도였다. TV 광고는 20억 원에서 30억 원을 호가했다.

만만치 않은 마지막 난관 앞에서 나는 회사 고위층에 "딱 3년만 도와달라"고 했고 마침내 허락을 받았다. 수원 본사의 모니터 사업부장과 상의한 일본법인 대표이사는 모니터 사업부와 일본법인이 절반씩 부담하는 조건으로 광고비에 대한 결론을 냈다. 본사와 일본법인의 전폭적 지원 아래, 2000년 3월 29일 처음으로 전자상거래를 통한 삼성전자 다기능 모니터와 LCD 모니터 판매가 일본 전역에서 시작됐다.

이 과정에서 뜻대로 이루지 못한 것이 있다면 단 하나인데, 3월 1일에 판매를 시작한다는 계획을 맞추지 못한 것이다.

4

영화 '쉬리'를 타고
날아오르다

세계 최초 '다기능 모니터'

2000년 당시엔 지금처럼 얇은 텔레비전이 없었다. 넓고 두꺼운 브라운관 텔레비전을 최고로 치던 시절이었다.

'다기능 모니터'는 모니터에 텔레비전 기능을 접속시키면 TV로도 사용할 수 있었다. 그때까지만 해도 한국은 물론 일본에도 이런 제품이 출시되지 않았다.

삼성전자 수원 본사에서는 '다기능 모니터'를 한국 시장보다 일본에 먼저 출시할 수 있도록 배려해주었다. 삼성이 만든 세계 최초의 '다기능 모니터'가 전자기술의 본고장이고 LCD(액정 모니터)의 종주국인 일본 시장에 진입한 것이다.

> 삼성이 만든 세계 최초의 '다기능 모니터'를 전자기술의 본고장이고 LCD의 종주국인 일본 시장에 진입

일본 주재원 신분으로 밤을 새워가며 준비한 전자상거래 사이트 개막 행사가 2000년 3월 29일 일본 도쿄 한복판 최고급 오쿠라 호텔에서 열렸다. 속된 표현으로 막대한 비용을 들여 크게 한판 내지른 것이다.

　아사히TV, TV도쿄 등 7개 방송사와 니혼게이자이 등 18개 신문사, 그리고 MBC, SBS, 동아일보 등 한국 언론매체까지 약 60여 개 언론사가 취재에 열을 올렸다.

　우리는 당시 히트를 친 영화 '쉬리' 장면을 담아 일본 배급 로드쇼를 진행했다. 쉬리 예고편을 방영한 모니터가 삼성 다기능 모니터였고, 영화의 영상과 화질은 직관적으로 소비자의 눈을 사로잡았다.

　'쉬리' 로드쇼를 통해 삼성 다기능 모니터에 관한 앙케트 이벤트를 실시했고, 설문에 응하는 사람들에게는 추첨을 통해 다기능 모니터를 증정한다고 홍보했다. 그러자 전국에서 몰려든 수백 명이 행사장 앞에서 줄 서서 오픈을 기다리는 진풍경이 연출됐다. 이벤트에 응모한 참가자들이 꼼꼼하고 상세하게 적은 앙케트 답변은 이후 우리의 마케팅 전략에 큰 도움이 됐음은 물론이다.

　그러자 일본 내 최고 인기 시사프로그램인 TV도쿄의 'World business Satellite'는 '한국의 파워, 그리고 위협'이라는 제목의 톱뉴스를 2분 20초쯤 내보냈다. 앵커는 일본의 전국 시청자들에게 "외국기업 삼성으로서는 효율적인 전략"이라고 호평했다. 일본 최대 민간방송인 일본TV와 후지TV 등은 삼성의 전자상거래 사이트를 알리는 특집 프로그램을 편성했다. 특히 TV 도쿄는 2000년 11월에 일본 최대 가전회사인 파나소닉과 소니, 그리고 삼성전자 3개 회사를 대상으로 한 특집 프로그램 '전자제품 넷(Net) 판매'라는 10여 분짜리 특집방송을 했다. 이로써 삼성전자의 LCD가 다시 한 번 전 세계의 주목을 받는 계기를 만들었다. 일본 매스컴들은 삼성전자 LCD를 홍보해주기 위해서가 아니라 일본 전자업계의 분발을 촉구하려는 의도였을 것이다.

> 일본 매스컴들은 삼성전자 LCD를 홍보해주기 위해서가 아니라 일본 전자업계의 분발을 촉구하려는 의도였을 것이다

'아키하바라(秋葉原)' 입성

일본 언론매체의 이러한 질투와 관심은 결과적으로 삼성 다기능 모니터와 LCD 모니터에 대한 어마어마한 광고 효과를 낳았다. 일본 언론의 뜨거운 조명은 삼성 LCD 모니터에 대한 인지도를 높이는 역할을 했고, 소비 촉진으로 이어지는 계기로 작용했다. 일본 언론매체들의 연이은 집중 조명은 삼성 TV가 '아키하바라(秋葉原)'라는 곳간에 들어가는 열쇠가 되었다.

아키하바라는 일본 고유의 독특한 전자제품 판매지역이다. 1980년대 이후 일본이 세계 전자제품 시장을 주도할 때 그 중심에 있었던 아

> 일본 언론매체들의 연이은 집중 조명은 삼성 TV가 '아키하바라(秋葉原)'라는 곳간에 들어가는 열쇠가 되었다

키하바라는 소위 전자제품의 천국으로 불렸다. 전 세계가 일본 제품에 환호하며 아키하바라로 몰려올 때, 우리 전자 제품들은 홀대받으며 구석에서 먼지를 뒤집어쓰고 있었다.

그랬던 삼성 LCD 모니터가 아키하바라의 문화를 하루아침에 바꾸었다. 아키하바라 매장들이 자기네 고객들에게 삼성 제품을 소개하기 시작한 것이다.

일본 언론의 보도를 접한 후, 호기심 반 관심 반 우리 인터넷 홈페이지에 접속했던 일본 소비자들도 곧 고객으로 바뀌었다. LCD 모니터는 세컨드 TV로도 사용할 수 있었으므로 특히 젊은이들이 환호했다. 실용성과 기능성, 가성비와 품질을 꼼꼼하게 비교하는 일본 젊은이들은 LCD 다기능 모니터만 있으면 TV를 따로 구입하지 않아도 되는 데다 화질도 브라운관보다 훨씬 월등한 점을 매력적으로 여겼다.

세계 최초로 다기능 모니터를 경험한 일본 소비자들은 삼성의 고객이 되었다. 주문이 폭주하기 시작했다. 신일본제철에서 17인치 LCD 모니터 30대를 주문하자, 당시 진대제 정보가전 총괄사장이 국제전화를 걸어서 "진짜냐?"고 물을 정도였다. 그만큼 엄청난 사건(?)이었다. 교토의 고급 료칸에서 낡은 TV 50대를 삼성 제품으로 교체했다. 다기능 모니터와 LCD 모니터의 판매는 순풍에 돛 단 듯

"
신일본제철에서 17인치
LCD 모니터 30대를
주문하자, 당시 진대제
정보가전 총괄사장이
국제전화를 걸어서
"진짜냐?"고 물었을
정도였다

순조로웠다.

뿐만 아니었다. 17인치 LCD 모니터를 구입한 소비자들이 편지를 보내오기 시작했다. 약 100명의 소비자들이 보내온 편지들은 대개 "삼성은 세상을 바꿔주었다. 나의 삶도 바꾸어주었다. 고맙다"는 내용이었다. 이 편지들을 읽으면서 나는 울었다. 아무런 감회를 느낄 겨를도 없이 그냥 눈물이 주르륵 흘렀다.

이 경험은 나에게 강력한 자신감을 심어주었다. '일본 시장에서 비즈니스는 아주 쉽다. 일본 시장은 어렵지 않다. 최선을 다하면, 진심으로 비즈니스를 하면, 일본에서는 성공할 수 있다'는 신념을 몸으로 체득하게 되었다.

5.
서양인과 일본인 앞에서 기죽으면 안 된다

간이 병상 침대에 누워

일본에서 전자상거래 사이트를 오픈한 지 수개월이 지난 2000년 8월, 나는 극심한 피로감에 쓰러졌다. 긴급 혈액 검사를 받은 나는 빨리 큰 병원에 가 보라는 의사의 말에 그 길로 대형 병원 응급실에 입원하였다. 생애 처음 환자 신세가 된 나는 응급실 통로에 있는 간이 병상 침대에 누워 처음으로 인생무상을 느꼈다. 절로 눈물이 주르르 쏟아졌다.

아직 창창한 나이인데, 마치 죽음을 맞이하는 늙은이의 심정이었다. 병원에 입원한 후 간세포 등 갖은 검사를 하였으나 병명을 알 수 없다고 했다. 다행히 시간이 지나면서 차도를 보였고 건강

> 생애 처음 환자 신세가 된 나는 응급실 통로에 있는 간이 병상 침대에 누워 처음으로 인생무상을 느꼈다

을 되찾게 되었다. 나중에 알게 된 나의 병명은 과로에 의한 형체(A형 또는 B형 등)를 알 수 없는 급성간염이었다. 퇴원하면서 나는 앞으로 절대 과로하지 않기로 다짐했다. 지나친 책임의식이나 앞뒤 가리지 않고 돌진하는 성격을 돌아보게 되었다.

퇴원 후 나는 더 이상 직장생활을 하지 않기로 결심하고 아내와 아이들에게 선언했다. 아내의 손을 잡고 아파트 주변을 걸으면서 비로소 아내의 손이 얼마나 따뜻한지를 깨달을 수 있었다. 이후 6개월 정도 주 3~4회 침을 맞으며 몸을 추슬렀다. 당시 중학생이던 딸이 한의사가 된 이유가 그때 나의 한방치료에 있지는 않은가 하는 생각을 한다.

그러나 나의 삼성 퇴직 결심은 딸아이의 눈물 어린 반대로 흔들렸다. 초등학교 시절 몇 번이나 전학해야 했던 딸은 중학교만큼은 한 학교에서 마치고 싶다고 했다. 부서 이동과 함께 회사의 배려도 있어서 2001년 나는 귀국할 수 있었다.

한국 본사로 돌아오니 국내에서는 '디지털 TV'가 논의의 중심에 있었다. 미국 및 일본과 경쟁하며 어떻게 디지털 TV를 만들 것인지 계획을 세우던 참이었다. 가전 부문 총괄사장은 내가 일본에 있을 때부터 인사부서를 통해 거의 날마다 국제전화를 걸어서 가전 부문 참여를 권유했던 분이었다.

나는 단도직입적으로 의견을 제시했다.

"디지털 TV는 삼성에 큰 기회입니다. 그러나 텔레비전 사업부와 모니터 사업부가 나누어져 있어 시너지를 낼 수 없습니다. 특히 앞으로는 액정화면 TV가 대세를 이룰 것이기 때문에 액정 모니터로 세계 1등을 하고 있는 모니터 사업부와 화질 및 각국 방송 규격을 잘 알고 있는 텔레비전 사업부를 합쳐야 합니다."

나는 이 의견을 제출한 뒤 영어 연수를 하기 위해서 삼성그룹에서 운영하던 용인연수원의 외국어생활관에 들어갔다. 그곳에서 내 의견대로 모니터 사업부와 텔레비전 사업부가 통합되었다는 소식을 들었다.

2000년 초만 해도 TV는 기존의 20~30인치급 브라운관 TV가 대세였다. LCD TV는 일본 샤프전자의 13인치급 외에는 이렇다 할 제품을 내놓지 못하는 형편이었다. 2000년 초 미국 TI(Texas Instrument)사가 DLP(Digital Lighting Process)라는 프로젝션용 칩을 개발했고, 소니를 비롯한 TV 제조 회사들이 큰 상자 같은 형태의 '프로젝션 TV'라고 하는 초대형 TV를 출시하기 시작했다. 삼성전자도 그 대열에 뛰어들었다.

일본 파나소닉과 삼성SDI 등은 PDP TV(Plasma display Panel)용 디스플레이를 개발하는 등 디지털 TV 시대를 선점하기 위한 소리 없는 전쟁을 벌이고 있었다.

샤프와 손을 잡았다

—

나는 일본에서 LCD(액정 화면) 제품을 판매하면서 당시 일본의 디지털방송 규격 책임자를 알게 되었다. 그를 통해서 어떤 디스플레이가 디지털 환경에 가장 적합한지도 알았다. 또 소니와 도시바가 캐논과 협력하여 새로운 TV용 디스플레이를 비밀리에 개발하고 있다는 정보도 지인을 통해 알고 있었다.

TV같이 큰 사업이 세계화가 되려면 최소 2~3개 대기업이 참여해야 한다. 그렇지 않으면 산업으로서 발전하기 어렵다. LCD(액정화면) TV 사업의 세계화를 위해서는 액정화면의 원조이자 최고 기업인 일본 샤프전자와의 제휴는 필수불가결했다. 그들에게도 적극적으로 새로운 사업에 주력하는 삼성 같은 동맹군이 필요했다.

일본 주재원 근무 시절부터 알고 지내던 지인을 통해 샤프와 손을 잡았다. 샤프는 이미 10~19인치 LCD TV를 생산하고 있었다. 지금은 10만 원도 안 되는 다기능 모니터 14인치가 140만 원이던 시절이었다.

2003년 초, 삼성전자의 기흥공장 라인에서 22인치 텔레비전전용 패널을 개발했다. 놀라운 성과였다. 우리는 다기능 액정화면 모니터에 이어, 일본에서 삼성의 액정화면 텔레비전 론칭 세레모니를 벌였다. 다기능 액정화면 모니터 론칭 때처럼 일본은 LCD 본토에 LCD TV를 들고 온 우리의 도전과 신제품을 가볍게 생각했다. 그러나 우리의 목표는 일본만이 아니었다. 일본을 넘어 미국과 유럽의 프랑스, 이탈리아, 독일, 영국, 스페인을 공략하겠다는 전략을 세우고 있었다.

> 샤프는 이미 10~19인치 LCD TV를 생산하고 있었다. 지금은 10만 원도 안 되는 다기능 모니터 14인치가 140만 원이던 시절이었다

당시 LCD TV가 기술적으로는 30인치 이상 크기를 제조하기는 어렵다는 의견이 지배적이었고 이를 기정사실로 여겼다. 그래서 소니와 파나소닉 등 기존 메이저들도 평면 브라운관 TV에 주력하고 있었다. 샤프가 LCD TV를 생산하기는 했으나 화면은 10~19인치로 작았다.

LCD TV 대형화에 대한 집념

하지만 나는 일본 시장에서 쌓은 LCD 모니터 사업에 대한 경험을 통해 멀지 않은 미래에 LCD TV는 대세가 될 것이라고 확신할 수 있었다. 화질을 비유하자면 아날로그인 브라운관의 영상은 삼베고, 촘촘한 화소로 짜인 디지털 액정 모니터의 영상은 비단이라고 할 수 있다.

처음엔 삼성에서도 LCD TV를 대형으로 키우는 게 가능하리라고 생각하는 사람이 거의 없었다. 나는 무모하지만 가능하지 않을 이유가 없다는 집념과 함께 어떡하든 일본을 능가하겠다는 생각으로 무장하고 프로젝트에 집중했다.

마침내 삼성전자에서 세계 최초의 40인치 액정화면 TV 개발에 성공했다. 40인치 액정 TV는 미국 라스베가스에서 열리는 전자쇼(CES)에 출품하면서 엄청난 반향을 일으켰고 삼성전자는

> LCD TV 화면을 40인치까지 키운 회사는 삼성이 최초였다. 나는 LCD TV로 소니를 이겨 꼭 세계 1등이 되도록 할 터이니 마케팅을 지원해달라고 건의했다

LCD TV 선두 주자로 우뚝 올라서기 시작하였다.

LCD TV 화면을 40인치까지 키운 회사는 삼성이 최초였다. 자신감을 회복한 나는 LCD TV로 소니를 이겨 꼭 세계 1등이 되도록 할 터이니 마케팅을 지원해달라고 건의하였다. 그리고 삼성그룹에서 그룹 차원의 프로젝트로 만들어 지원하기 시작했다.

이런 프로젝트는 이건희 회장의 '신경영' 덕분에 가능했다. 해외 공항에 삼성 로고가 찍힌 카트를 선보이기 시작한 것도 이때부터였다. 지역전문가라고 해서, 1년간 세계 각지에서 그 지역을 공부하고 어학을 배우는 그런 제도도 마련됐다. 2000년 시드니올림픽 때부터는 올림픽 스폰서로도 이름을 올렸다.

"양(量)이 아니라 질(質) 중심으로 일해라. 서양인하고 일본인 앞에서 기죽지 마라. 기죽으면 안 된다."

이건희 회장의 어록 가운데 가장 기억에 남은 말들이다.

저가 제품으로 승부하던 삼성이 세계 1등으로 성장할 수 있었던 비결이자 원동력은 바로 '기 죽으면 안 된다'는 이 한 마디에 담겨 있다. 2004년 이후 삼성은 지금까지 세계 1위 자리를 지키고 있다.

6.

"회장님, 왜 마누라는 빼라고 하셨습니까?"

눈길이 확 달라졌다

───

나는 삼성 LCD TV 사업의 그룹장을 맡았을 때 최고위층에게 이렇게 말했다.

"제가 하겠습니다. 꼭 LCD TV로 세계 1등을 해보겠습니다."

당시 삼성전자 대표이사 윤종용 부회장이 'LCD TV 일류화 위원회' 설치를 지시하고 동시에 스스로 위원장직을 맡아 투자 현황과 핵심부품 개발 상황을 직접 점검하며 사업을 독려했다.

바야흐로 브라운관 시대가 끝나고 LCD 화면 TV 시장이 열리는 시점이었다. LCD TV는 삼성전자 전체의 프로젝트로 그 중요성이 부각되면서 광고와 판촉 등 마케팅 분야까지 지원받게 되었다.

LCD TV는 신규사업이었기에 개발 비용뿐 아니라 마케팅 등 초기 비용이 많이 소요되었다. 기술적 문제도 수시로 발생했다. LCD TV의 PM 그룹장으로서 초기 2년 동안은 매우 힘든 시기를 보냈다. 하지만 미래를 본 삼성전자의 최고경영층은 과감하게 결단을 내리고 투자했다.

결국 삼성은 계획대로 LCD TV 대형화에 시동을 걸었다. 세계 최초로 40인치 개발에 성공, 미국 라스베이거스에서 열리는 CES(Consumer Electrics Show) 등 해외 전시회에 출품해 큰 반향을 불러일으켰다.

우리는 초대형 LCD TV를 소비자가 직접 경험할 수 있도록 일관된 광고전략을 내세웠다. 이 또한 처음부터 쉽지 않았다. LCD TV가 등장하기 전, 미국이나 유럽에서는 삼성의 브랜드 인지도가 낮아 전시 공간을 확보하는 것이 무척 어려웠다. 하지만 라스베이거스에 출품한 이후 독일 베를린국제가전박람회인 이파(IFA)에 참가해 가장 큰 부스를 확보하고 LCD TV로 전면을 장식했다.

이 박람회에는 CEO의 키노트 스피치가 있는데, 삼성전자가 아시아 최초로 그 영광스러운 무대에 올라 애플의 스티브 잡스와 같이 키노트 스피치를 했다. 그러자 삼성을 바라보는 시장의 눈길이 확 달라졌고 바이어들의 태도가 완전히 변했다. 일본 등 세계시장을 장악해온 다른 기업도 참가했으나 마케팅, 디자인, 기술, 화제성까지 삼성이 모두를 압도했다. 그렇게 삼성은 세계의 LCD TV 시장을 리드하기 시작했다.

"
삼성전자가 아시아 최초로 그 영광스러운 무대에 올라 애플의 스티브 잡스와 같이 키노트 스피치를 했다

유럽 전자제품 전시장에서는 우리만의 전용 전시 부스를 설치, TV의 화질이 돋보이도록 부스의 조도를 낮추고 전시 디자인에도 심혈을 기울였다. 그러자 이탈리아에서 터졌고, 이어 프랑스에서도 터졌으며, 미국 시장이 관심을 가지기 시작했다. 샤프가 30인치를 넘기지 못했고 37인치 시제품을 내놓은 상황에서 삼성이 세계 최초로 초대형 40인치 LCD TV 시장을 열었던 것이다.

전략의 차이

출시 당시 40인치 LCD TV는 LCD 디스플레이 뒷면에 백라이트 역할을 하는 형광등으로 화면을 밝게 하였는데, 형광등의 수명이 짧아 화면이 어두워지면서 검게 변하는 현상이 자주 나타났다. 샤프를 비롯한 일본 전자업체들은 완벽하지 않은 상품은 출시하지 않는다는 정책을 고수했다. 그러나 삼성은 일단 시도해보고 안 되면 보완하는 방식을 취했다. 이러한 전략의 차이는 삼성이 빠른 속도로 일본 기업들을 추격해 마침내 추월하는 요인으로 작용했다. 모든 기업이 세계 최초에 도전하고 있다면, 선점하고 있음을 보여주자는 자신감이었다.

> 삼성은 일단 시도해보고 안 되면 보완하는 방식을 취했다. 이러한 전략의 차이는 삼성이 빠른 속도로 일본 기업들을 추격해 마침내 추월

LCD TV가 붐을 이루는 만큼 브라운관 TV를 생산하고 판매하는 부서는 해체로 들어섰다. TV 겸용 모니터가 세계 최초의 초대형 LCD TV 개

발과 시장장악으로 이어질지는 아무도 예상치 못
했다. 그로 인해 삼성이 소니라는 세기의 전자 브
랜드를 꺾으며 기술력으로 극일(克日)을 과시할 줄
은 그 누구도 상상하지 못했다.

　역경을 뚫고 삼성전자 LCD TV가 세계 1위가
될 수 있었던 요인은 크게 세 가지였다. 최고경영진의 과감한 도전
과 투자, 고객의 눈과 마음을 사로잡은 일관된 예술적인 전시와 광
고, 그리고 기술적인 문제를 극복하고 해결해낸 책임자의 역량이
바로 그것이다. 기업은 자신의 역할에 헌신하는 사람들이 있느냐
없느냐에 성패가 갈리게 마련이다.

　일본을 이기고 세계 1위에 오른 기적은 국내에서도 이어졌다.
40인치 LCD TV는 한 대 가격이 2,000만 원을 호가했다. 그런
데 국내 판매율이 치솟았다. 우리나라 소비자들이 2,000만 원짜리
TV를 사는 것이 놀랍기도 했으나 LCD 대형 TV 시장에서 승기를
잡았다는 안도감이 밀려들었다. 삼성전자는 매년 '글로벌 마케팅
어워드'를 시상하는데, 2003년도는 우리 LCD PM팀이 대상 수상
자로 선정됐다. 이는 최고경영진이 2004년부터 삼성의 마케팅 주
력 상품을 애니콜에서 LCD TV로 바꾸게 하는 계기가 됐다.

　오늘날의 삼성이 되기까지 이건희 회장을 **빼놓을** 수가 없다. 내
가 일본 주재원으로 있을 때였다. 한 번은 이건희 회장이 오셨는데,
굉장히 화가 난 모습이었다. 삼성이 일본에 진출한 지 50년이 다

되고 있는데도 아키하바라에 가면 삼성 제품이 안 보이기 때문이었다. 우리나라의 용산 전자상가와 같은 아키하바라에서 삼성 제품이 거래되지 않는다는 것이었다. 그렇게 사무실에서 한 2시간 계시다 떠나셨다. 떠날 때 기분이 좋아지셨는지 사진을 찍자고 하셔서 사진도 함께 찍었다.

내가 오사카에서 근무할 때인 1993년, 이건희 회장은 프랑크푸르트에서 대대적인 혁신을 요구하는 '신경영'을 선언했다. 그는 삼성의 중역들이 양적 성장과 한국 1위 기업에만 만족하고 있다면서 위기의식을 가져야 한다고 일침을 놓았다.

그 유명한 선언 '마누라하고 자식만 빼고 다 바꿔라'가 발표되던 순간이었다.

"국제화 시대에 변하지 않으면 영원히 2류나 2.5류가 된다. 마누라와 자식만 빼고 다 바꿔야 한다."

전면적인 체질 개선을 요구하는 방침이었다. 일본을 잘 아는 이건희 회장은 뼈를 깎는 변화만이 일본을 이길 수 있는 방법으로 보았던 것이다. 나중에 내가 질문할 기회가 있었다.

"회장님, 왜 마누라는 빼라고 하셨습니까?"

"마누라를 바꾸기는 너무 힘들어."

그래서 마누라하고 자식은 놔두고 나머지는 다 바꾸라고 선언했던 것이다.

'소니를 잡아라'

기술 강국을 기술로 넘어서겠다는 이건희 회장
의 집념은 결국 관철됐다. 그런 집념을 바탕으로
자체 기술개발로 마침내 LCD로 샤프를 꺾었으며
소니와 파나소닉을 제치고 세계시장의 선두로 나
섰다. 많은 대기업 중에서도 삼성은 반도체와 스
마트폰, TV 등에서 일본의 유력한 기업을 다 제쳐버리는 특별한 성
과를 이뤄냈다.

> 우리끼리도 "삼성은
> 착한 남편, 소니는
> 열정적인 애인"이라고
> 비유할 정도였다

2004년, 이건희 회장은 반도체 기술자 100여 명을 TV사업부에
투입했다. 그래서 반도체 칩을 세계 최초로 내장해 색상 조절이 가
능한 평면TV '보르도'가 나올 수 있었다.

'소니를 잡아라'라는 메시지는 내면에 각인된 나만의 은밀한 목표
였다. 마음속에서 외친 결의였기에 구체적인 계획은커녕 실체조차
없었다. 일본 주재원 시절, 소니의 브랜드 파워는 두렵고 부러운 대
상이었다. 특히 소니의 디자인은 압도적이었다. 우리끼리도 "삼성
은 착한 남편, 소니는 열정적인 애인"이라고 비유할 정도였다.

소니만이 아니라 일본 전자제품은 모든 면에서 세계 최고였다.
디자인은 소니, 화질은 마츠시타, LCD는 샤프로 통했다. 하지만
삼성은 이들이 가진 세 가지 최고를 몽땅 뛰어넘고자 했고 지금은
세계에서 통하는 기업이 되었다. 나는 그 치열한 과정을 지켜보았
고, 동참했으며, 함께 성장했다. 2006년, 나는 삼성을 떠났다. 내

가 퇴사하던 해, 삼성은 그 보르도를 앞세워 세계 평면TV 시장 1위
로 우뚝 서더니 다음 해가 되자 삼성 LCD TV가 세계 최고라는 말
이 당연한 말로 통용되고 있었다.

\#
땀의
시간

7.

난보야 난보야

도쿄 사람들 vs. 오사카 사람들

———

내가 믿는 말들 가운데 하나는 '간절하면 통한다'는 것이다. 처음부터 쉬운 비즈니스는 어디에도 없었지만, 그래도 간절한 마음으로 열심히 하다 보면 작은 물방울이 바위 덩어리를 뚫는 일도 생긴다는 이치를 경험했다.

용인 소재 삼성 외국어 연수원에서 10주간의 일본어 연수를 마치고 바로 일본 주재원으로 파견되어 오사카에서 생활하는 동안 가장 힘들었던 점은 언어 장벽, 그리고 문화 차이였다. 나는 용인 삼성 외국어 연수원에서 표준어인 도쿄 말을 배웠다. 그러나 일본으로 파견된 후 살았던 곳은 정작 도쿄와는 극단적인 차이를 보이는 오사카였다. 사람들의 성향이나 분위기마저 양극단에 선 두 지역이다. 도쿄 사람들은 약간 점잖다고 하는 반면, 오사카 사람들은 좀 더 친근한 편이다. 도쿄 사람들은 오사카 사람들을 좀 낮게 보는 경향이 있고, 오사카 사람들은 도쿄 사람들을 겉만 번지르르한 '깍쟁이'라고 부른다.

더구나 일본말도 지역별 방언인 사투리가 심해서 세키가하라(関ヶ原) 지역을 사이에 둔 간사이(關西) 지방과 관동(關東) 지방의 언어가 현격하게 다르다. 세키가하라는 임진왜란 직후에 도요토미 히데요시의 서군과 도쿠가와 이에야스의 동군이 치열한 대규모 전쟁을 벌인 후 붙여진 명칭이다. 내가 초등학교 시절 운동회 때 외쳤던 "동군 이겨라" "서군 이겨라" 두 응원 구호가 일본에서 온 것이었고, 일본 학생들은 지금도 이 구호를 사용한다.

비즈니스에서 사용하는 언어도 규칙어 외에 그 지역이나 업계에서 주로 통용되는 용어들이 있다. 한국어의 부추가 지역에 따라 본추, 부초, 분초, 분추, 불구, 푸추, 정구치, 덩구지, 부자, 비자, 정구지, 소불, 설, 저구지, 세우리, 불초 등 30가지나 되는 이치와 비슷하다.

이를테면 표준 일본어에서는 '얼마입니까?'가 '이꾸라데스까?'이지만, 비즈니스 일본어에서는 '난보야 난보야'라고 말한다. 쉽게 말하면 IT 업계에서 통용하는 특별한 언어들이 있는데 그 용어들을 몰라서 처음에 고생을 많이 했다. 물어보면서 하나둘씩 알아내고 쌓이다보니 점차 의사소통을 더 잘 할 수 있게 되었다.

신뢰감은 최고 덕목

두 번째로는 한일 간 문화 차이로 인한 어려움이 컸다. 처음 일본 사람들에게 다가갈 때 우리나라의 상식과 기준으로 접근하였는데 전혀 효과가 없었다. 외모나 스타일은 우리와 비슷하지만 1990년대에 이미 일본 사람들의 문화는 선진국 수준에 올라 있었다. 일본 사람들도 우리처럼 정이 있는 사람들인 것은 분명하지만, 실제 어울려보면 그런 정서를 표현하지는 않기 때문에 적응하는 게 굉장히 힘들었다. 한국과 일본은 '가깝고도 먼 나라'라는 표현을 누가 만들었는지 모르지만 일본 주재원 생활 초기의 내 심정을 정말 잘 표현해주는 말이다.

사귀는 과정에서도 한국이건 일본이건 술을 한잔하며 친해지는 게 가장 좋지만, 일본 사람들과 술잔을 나누는 관계로 발전하기가 수월하지 않았다. 일단 개인적으로 만나거나 식사하는 것을 꺼리는 일본 문화의 특징이 걸림돌이었지만 일단 어느 정도 가까워지고 신뢰하게 되자 식사 자리를 가질 수 있었다. 식사를 함께 한 사이라면 같이 술 마시는 관계로 발전하고, 이렇게 마음이 열려서 통하게 되면 우리나라 사람들처럼 속에 있는 것까지 다 내어줄 정도로 핑

> 표준 일본어에서는 '얼마입니까?'가 '이꾸라데스까?'이지만, 비즈니스 일본어에서는 '난보야 난보야'라고 말한다

> 한국과 일본은 '가깝고도 먼 나라'라는 표현을 누가 만들었는지 모르지만 일본 주재원 생활 초기의 내 심정을 정말 잘 표현해주는 말

장히 잘해주는 게 일본 사람들 스타일이다.

이렇듯 속정 깊은 사이로 발전하는 과정에서 가장 중요한 점은 신뢰감이며, 서로 간의 약속은 무조건 지키는 것이 철칙이다. 또 약속을 이행할 수 없다면 그 이유를 솔직하고 분명하게 밝히면서 양해를 구해야 한다. 약속 이행은 일본과의 비즈니스뿐 아니라 국내외 어느 곳에서라도 공사 관계를 떠나서 지켜야 할 기본예절이다.

도쿄와 오사카로 대표되는 일본의 지역성, 그러한 극단적인 성향에 대해 일본은 자기 나름대로 자랑스럽게 생각하는 독특한 문화가 있다. 극단성을 보이되 분열됐다고 생각하지 않고 장점으로 승화시켜서 긍정적인 요소로 받아들인 결과다. 정반대되는 성향을 보이는 지역들이지만 서로에 대해 깔아뭉개거나 깨뜨려 없애려고 하지 않는다. 일본인들은 이렇게 생각한다.

'우리는 우리 나름대로 이런 양극단적인 것을 갖고 있기 때문에 우리는 잘해 나간다. 우리는 그렇기 때문에 잘 해야 된다.'

나의 경우 죽을 각오로 열심히 노력한 결과, 산업 분야건 문화적인 분위기건 1990년대에 우리나라보다 20~30년 앞서 있었던 일본을 이해하고 적응하기까지 약 3년 걸렸다. 어떤 사람은 아무리 노력해도 적응하는 데 실패할 수 있고, 또 어떤 사람은 평생 동안 일본에 살아도 전혀 적응하지 못하는 수도 있다. 성공적으로 적응하기 위해서는 일단 일본 문화에 호기심을 가지려 노력하고, 관심

어린 눈길로 보고자 노력하고, 익힌 것을 체계적으로 정리해 가며 노력하고···. 이처럼 다양한 종류의 노력이 필요하다.

소니를 이긴 비결

일본보다 20~30년 뒤진 후발주자였음에도 열심히 노력한 끝에 비즈니스로 소니를 이긴 삼성 주역의 일원으로서 그 전략 비결을 3가지 정도로 정리해볼까 한다.

첫째, 거짓말하지 말라. 일본인들은 거짓말하는 사람을 아주 싫어하고 서로 간의 말을 그대로 전적으로 믿는다. 우리나라 사람들은 손으로 쓴 영수증보다 신용카드 전표를 더 신뢰하지만, 일본 사람들은 손으로 쓴 영수증을 더 신뢰할 정도로 자기 행위에 대한 믿음이 강하다.

둘째, 자기가 책임져야 할 몫을 인정하는 것이다. 달리 표현하면 남들에게 폐 끼치지 않으려는 자세다. 일본 사람들은 자기 가족이 사고로 사망하는 일을 당하면 "우리 가족이 여기에 와서 죽게 되어 여러분께 폐를 끼쳤다"고 말한다. 이런 점에서 한국과 일본의 차이가 극명하게 드러난다. 일본인들은 사고사에 대해서 자기 자식이 그런 사고가 날 수 있는 곳에 가지 않도록 말리지 않았으며, 조심해서 다니라

> 우리나라 사람들은 손으로 쓴 영수증보다 신용카드 전표를 더 신뢰하지만, 일본 사람들은 손으로 쓴 영수증을 더 신뢰할 정도

고 경고하지도 않았다는 입장에서 먼저 이야기를 하지, 왜 국가가 지켜주지 않았느냐며 사고사를 국가 책임으로 몰고 가지는 않는다. 이태원 참사나 세월호 참사 사건이 정치적으로 확대될 때, 왜 자기 책임은 빠져있는지, 형제와 부모도 책임지지 못했는데 왜 국가 책임만 있다고 주장하는지 의문스러웠다.

셋째, 역사, 스포츠, 종교 이야기는 절대 이야기하지 않는다. 다양한 주제를 자연스럽게 이야기 나눌 수 있는 관계로까지 발전하지 않은 상태에서 역사, 스포츠, 종교 이야기를 꺼낸다면 그 비즈니스는 거의 100% 망한 것이나 마찬가지다. 왜냐? 그 즉시 싸움이 일어나기 때문이다. 특히 역사 중에서도 우리와 직접적으로 맞물리는 이야기는 분위기가 격앙되거나 싸늘해질 수 있으므로 금기시된다. 물론 나 같은 경우는 우리나라의 역사가 일본으로 흘러들어갔다는 것을 그들 기분이 나쁘지 않는 지점에서 이야기하기도 한다. 하지만 이러한 사례는 친밀도가 굉장히 높고 서로 간의 이해도가 높은 경우에 국한될 뿐, 처음 만나는 비즈니스 관계자에게 이러한 주제를 꺼냈다가는 거래를 망치기 십상이다.

스포츠 이야기도 비즈니스 상대와 자신이 응원하는 스포츠 팀이 동일하다면 문제가 없으므로 공통점을 찾아서 이야기하는 것은 괜찮을 수 있다. 마찬가지로 종교적으로 같은 신앙을 가졌다면 공감대를 형성할 수 있겠지만, 다른 종교를 가졌다면 비즈니스 미팅이 싸움판으로 바뀔 수 있을 것이다.

8

SM5를 보면 지금도
가슴 먹먹해지는 까닭

삼성 반도체의 1위 등극

일본 주재원 시절, 나는 삼성자동차 출범에 관여했다. 일본에 있으면서 삼성자동차의 출범부터 폐쇄까지 모든 과정을 함께 했다. 전자와 자동차를 융합한 자동차 사업은 삼성과 이건희 회장의 숙원사업이기도 했다.

그 사업팀의 초기 명칭은 '21세기 기획단'이었다. 당시 삼성전자의 반도체가 세계 메모리 시장에서 1등으로 올라서기 시작할 때였다. 자동차는 향후 전자화된 전기자동차로 발전할 것이 명약관화했기 때문에 그 시너지 효과도 충분히 예상되었다.

> 전자와 자동차를 융합한 자동차 사업은 삼성과 이건희 회장의 숙원사업이기도 했다

자동차 사업이 어려운 이유는 사람의 목숨이 달린 문제라서 그렇다. 수많은 모델을 개발하고, 관리하고, 생산해서 팔아야 되는 것 외에 애프터서비스(AS)라는 어려운 문제와 사람의 생명이 달린 안전성 문제가 있다. 오래전부터 삼성은 토요타와 혼다, 독일의 폴크스바겐, 미국의 포드 등에게 제휴를 타진했지만 무산됐다. 삼성의 성장을 견제하던 외국의 완성차 기업은 제휴와 협력에 소극적이었다.

그러던 중 운좋게 일본 닛산 자동차와 기술제휴를 하게 됐는데, 당시 닛산은 경영난에 봉착한 상황이었다. '21세기 기획단'을 출범시킨 뒤 최고경영층은 닛산자동차와 본사 사이에 원활한 창구가 없다는 점을 알아차렸다. 그래서 이건희 회장은 비서실 인사팀에 지시해 일본어가 가능한 우수한 인력 30명을 도쿄에 배치하도록 했다. 오사카 주재원으로 사업 기획 및 마케팅 팀장을 맡고 있었던 나도 그 안에 포함되었다.

나는 삼성자동차 관서지점장으로 내정되어 있었으나, 초기에는 도쿄에서 교육도 받아야 해서 신칸센을 이용해 일요일 저녁에 도쿄로 갔다가 토요일 저녁에 오사카로 오는 '주말 가장' 노릇이 몇 달간 이어졌다. 그러다 보니 몸이 말이 아니었다. 다행히 관서지점 개설을 보류한다는 회사 방침에 따라 우리 식구는 도쿄로 이사를 갔다.

삼성자동차 초기 모델 SM5는 '삼성 모터 5'의 약자로 닛산자동차와 맺은 기술제휴 방식이며 닛산의 신형 모델 세피로(Cefiro) 설계도를 바탕으로 만들었다. 세피로는 닛산자동차가 미국 시장을 겨냥

한 승용차로 자동차 자체가 신형이었고 알루미늄 엔진을 장착하고 있었다. 당시 국내 자동차 회사가 생산하던 승용차엔 주철 엔진이 장착되었으니, SM5는 상당히 앞선 기술이었다고 자부한다.

현재 르노삼성 부산공장으로 바뀐 당시의 삼성자동차 부산공장에는 '최고의 완성차 공장'이라는 이건희 회장의 꿈이 반영되었다. 부산공장이 위치한 신호공단은 낙동강 하구에 위치해 모래가 밀려 내려와 조성된 뻘밭이었다. 땅이 아니었다. 그 갯벌에 40m짜리 쇠말뚝 수십만 개를 박아 지반을 다진 뒤 그 위에 공장을 지었다.

40m짜리 거대한 철관 안에 모래를 메워 넣는 샌드 트레인 공법은 오사카의 간사이공항 건설 현장에서 힌트를 얻었다고 한다. 이후 1m 이상 땅이 꺼졌으나 이미 사전에 계산한 결과였으므로 건물에 문제가 생기지는 않았다.

땅 다지기부터 시설 설비까지 최고였다. 당시 현대자동차 공장 건설비 대비 5배쯤 많은 비용을 쏟아부었다고 한다. 그때 부산공장에는 자동차 관련 연구소와 타기업에서 옮겨온 베테랑들이 포진해 있었고 이들은 최선을 다했다. 그 결과 SM5라는 고유 브랜드를 선보이며 한국 자동차 산업을 단숨에 세계적 수준으로 끌어올릴 수 있었다.

하수인 노릇만 할 건가...

도쿄지점 프로젝트팀에 소속된 나는 본사와 닛산자동차 간 연결고리 역할을 하면서 기술도입 계약에 따른 이행상태 관리 등을 담당했다. 그러니 도쿄 사무실과 본사 간에서 발생하는 기술 도입 이견을 조절하기 위해 개입하지 않을 수 없었다.

수천 종의 자동차를 생산하는 데 가장 중요한 것 중 하나는 생산관리시스템이다. 닛산은 수십 년 쌓아온 경험이 반영된 생산관리시스템을 보유하고 있었다. 닛산 시스템을 도입하여 '삼성스럽게' 만들면 시간 단축은 물론이고 엄청난 노하우를 습득할 수 있도록 만들 수 있었다. 그러나 소프트웨어 개발을 책임지는 삼성SDS 임원진은 시장에 나와 있는 표준형 소프트웨어면 충분하다고 고집했다.

하지만 일본 사무실에서는 경험상 그 방법을 고집하는 건 곤란하다고 판단하였다. 표준형 소프트웨어로 수십 년 동안 꾸준한 시험을 해온 닛산의 정밀하고 혁신적인 신형 소프트웨어를 이용해야 시간을 절약하고 실패를 막을 수 있다고 생각했기 때문이다.

"시중에 나와 있는 소프트웨어를 이용하기에는 삼성의 기술력이 부족하고, 무엇보다 시간도 없습니다."

이왕 시작한 바에야 세계적 기업과 경쟁해야 하고, 따라선 우리에게 소프트웨어를 건네준 닛산자동차도 언젠가 능가해야 하니 최고급 소프트웨어를 써야 할 필요가 있다는 점을 강력하게 주장하였다.

"
닛산 시스템을 도입하여 '삼성스럽게' 만들어가는 것이 시간 단축은 물론이고 엄청난 노하우를 습득할 수 있는 기회였다

"남들도 다 알고 있는 방식으로 만든 자동차로는 세계 일류가 될 수 없어요. 그러다 보면 영원히 잘나가는 회사의 하수인 노릇만 하게 될 겁니다."

결국 본사에서는 동경지점의 주장을 수용했고, 삼성자동차는 닛산의 소프트웨어를 도입하게 되었다. 그렇게 닛산으로부터 차체와 엔진의 설계도를 구입했지만, 트렁크나 차체 내부 설계를 한국형으로 변경하는 과정에서 생기는 이견을 좁히기 위해 닛산 측과 많은 조율을 거쳤다.

자동차는 워낙 옵션이 많은 제품이라 생산 라인의 전산화가 선행돼야 한다는 점도 문제였다. 자재 공급과 생산에 대한 전반적 계획을 사전에 마련하는 일도 쉽지 않았다. 외관 도장에 있어서도 SM5는 국내 최초로 광택 도장을 선보였다. 외국산 자동차와 달리 당시 국산 자동차는 광택 나는 외관 도장을 하지 않았다.

삼성자동차는 닛산에서 도입한 소프트웨어를 업그레이드하는 방식으로 대부분 부품을 자체 생산하는 쪽으로 방향을 바꿨다. 점차 엔진도 국산화한다는 방침 아래 애초부터 부산공장에는 엔진 생산 시설을 마련해 두고 있었다.

삼성이 국산화와 차체 생산을 서두른 이유는 다른 자동차 업체들의 견제를 방어하기 위한 대안이었다. 국내 자동차 업체들이 부품 회사들에게 '삼성에 부품을 공급하면 거래를 끊겠다'고 엄포를 놓았기 때문에 어떤 부품 업체와도 거래 계약을 맺을 수 없었다. 그래

만약 삼성자동차가
존속했다면 부산·경남
지역의 일자리가
이렇게 무너지지는
않았을 것이다

서 삼성은 처음부터 모든 것을 자체 생산할 각오로 출발했고, 일본 회사들에게 부품을 공급받게 되었다. 일본 부품회사들은 거래 계약을 맺어주었고 기술도 주었을 뿐더러 교육도 시켜주었다. 그러므로 SM5도 알고 보면 삼성자동차의 고유 모델이 틀림없다. 보디와 엔진도 설계도만 받았지 실물은 받은 적이 없다.

차근차근 삼성자동차는 부산지역 자동차 부품 업계의 생태계를 조성했다. 만약 삼성자동차가 존속했다면 부산·경남 지역의 일자리가 이렇게 무너지지는 않았을 것이다. 그렇게 국산 부품을 사용하고서도 SM5는 내구성과 품질 면에서 뛰어나다는 평가를 받았다. 한국 완성차 역사상 가장 뛰어난 명차라는 세평을 넘어 기술을 이전해준 동급 승용차 맥시마나 미국 수출용 세피로를 능가했다는 극찬이 이어졌다.

무너진 꿈

하지만 외환위기의 거센 파고(波高)는 전자와 자동차를 융합해서 강력한 시너지 효과를 발휘하고자 했던 이건희 회장의 꿈을 가로막았다. 결국 삼성자동차 앞에 먹구름이 드리워졌다. 돌이킬 수 없는 일이지만 삼성이 자동차 사업을 포기하지 않았다면 우리나라 경제 사이즈가 훨씬 커졌으리라고 생각한다. 삼성의 자동차 사업이 역사의 뒤안길로 사라진 것은 대한민국의 경제 발전 측면에서 대단히 아쉬운 일이다.

죽을 각오로 일했고, 굉장히 좋은 차를 만들어 냈다는 자부심이 있었다. 삼성은 삼성교통연구소를 만들어서 선진국의 교통안전시스템을 연구했다. 그 결과물들을 우리나라 교통경찰들과 공유했다. 세계의 모든 차들을 테스트하여 운전해보고 그 장단점을 신차 개발에 사용할 계획이었다. 자동차 산업을 통해 한국의 교통안전 시스템을 비롯해 도로 교통 체계와 새로운 여행문화 구축 등을 선진화하고자 연구했다. 선진국에서는 도로 노면에 새긴 차선이 비가 왔을 때는 어떻게 보이는지, 빗물은 잘 빠지는지, 교통사고가 잦은 지역에서는 어느 지점부터 경고 안내를 해주는지 등에 관한 정보들도 데이터화했다. 구성원들 모두가 자동차 산업과 교통문화 인프라 발전에 기여하겠다는 사명감을 가지고 일했다.

그런데도 1960년대와 1970년대 한국 경제의 중심지였던 부산 지역의 경제가 부흥하는 데 중추적인 역할을 할 수 있었던 삼성자동차가 외국 기업에 매각됨으로써 우리나라의 '미래 먹거리'로 성장시킬 수 있는 기회마저 꺾어야 할 이유가 있었을까 싶다. GM, 포드를 가진 미국이 자동차 사업을 안 놓고 있고, 독일은 폴크스바겐, 벤츠를 가지고 있고, 프랑스는 푸조, 르노를 가지고 있고, 일본도 닛산, 토요타 등 11개의 자동차 회사를 가지고 있다. 영국 경제가 내려앉기 시작한 것은 자동차 산업을 뺏기면서부터였다.

하지만 자동차 엔진 설계 등의 설계를 쥐고 있어서 명맥은 살아 있다. 기아·현대자동차가 잘하고 있지만 세계 3~4위 정도에서 더 치고 올라가지 못하는 형국이다. 세계 1위로 올라서기 위해서는 1~3위 그룹의 토요타, 폭스바겐, GM과의 경쟁에서 이겨야 한다.

　일본에 있으면서 21세기 기획단의 출발부터 일본의 지점 폐쇄 등 마무리 작업에 이르기까지, 삼성자동차의 모든 과정을 함께했던 나로서는 그 노하우와 열정이 지금도 못내 아쉽다. 그 자동차들을 보면 지금도 나는 가슴이 먹먹해진다.

9

조선소 직원이 반도체 회사로
옮겨간 것은 운명?

옥포조선소로 가지 않을래?

내 첫 직장은 현대중공업이었다. 설계팀에 배속
돼 생산설계를 배우기 시작했다. 그 시절 기억나는
사건이 있다면 규격에 맞지 않게끔 잘못 만든 오작
(誤作)에 대한 나의 대처요령이다. 오작이란 배관이
지나가는 삽입구나 맨홀의 구멍을 잘못 설계해 제

작상의 오류가 발생하는 경우를 말한다. 배관이 지나가는 삽입구나
맨홀 구멍이 잘못 설계되어 구멍의 뚜껑과 맞지 않는 문제가 발생
하는 일이 있었다. 구멍이 뚜껑보다 작으면 구멍을 크게 더 뚫는 식
으로 문제를 해결할 수 있었으나, 구멍을 크게 설계해 그대로 뚫어
버리면 철판 한 장을 통째 폐기해야 됐다. 여기에 사용하는 철판은

대부분 강판이었고, 이러한 오작으로 인해 가격도 만만치 않지만 작업시간 손실이 뒤따르게 마련이다.

그런 오작이 발생할 때 나는 용접으로 강판을 복원하는 방법을 동원했다. 재료 낭비를 줄이고 작업시간을 단축하는 효과가 있었다. 이러한 임기응변 요령은 내가 가진 자격증의 힘이었다.

선박 건조는 도크(배를 조립하는 곳) 위에서 선박의 각 블록을 하나하나 조립해 나가는 정밀한 과정을 거치기에 작업은 물론 검수도 엄격했다. 짧은 역사에도 불구하고 오늘날 현대중공업이 세계 초일류 조선사로 우뚝 설 수 있었던 이유는 그 시절부터 시행된 철저한 시공과 엄격한 검수 때문이라고 생각한다. 그러한 철저함이 완성도 뛰어난 첨단 선박 건조라는 결과로 나타난 것이다. 내가 설계에 참여한 선박은 주로 상선(商船)으로 컨테이너 적재용 선박이었다. 하지만 정유 운반선이나 냉동식품 운반선 등도 있었다고 기억한다. 20대 철부지였던 나는 직속 상사인 과장님으로부터 많은 것을 배웠고 참으로 열심히 일했다.

그러던 중에 나를 아끼던 지인이 "나를 따라 옥포조선소(대우조선)로 가지 않을래?"라고 제안했다. 솔직히 옥포조선소는 당시 세계 최대의 도크를 건설하고 있었기에, 장차 일본을 대신해 미국 항공모함을 수리할 곳이 될 옥포조선소에 근무하면 해외 근무를 하게 될 것이라는 달콤한 조건을 거부할 수 없었다. 거북선 제조를 꿈꾸었던 나는 그분과 함께 대한조선공사 옥포조선소로 이직했다.

나는 울산을 떠나 부산에 도착했다. 4년 만에 돌아온 부산은 이전의 낯선 도시가 아니라 어엿한 직장인으로 변모한 나를 반기는 포근한 고향이었다. 하지만 내가 짐을 부려야 할 곳은 영도나 서면의 주택가가 아니라 바다에 뜬 섬 거제도였고 그곳에 자리한 대우조선해양 옥포조선소 사원 기숙사였다.

나의 업무는 생산관리

기숙사에 거처를 정한 나는 이후 몇 년 동안 옥포에서 생활했는데, 그동안 미국 샌프란시스코로 출장을 다녀왔고 결혼을 했다. 신혼생활 8개월째 만삭의 몸이었던 아내는 달가워하지 않았다. 아내에게 부산은 낯선 도시였고 친정에서도 멀었다. 그러나 옥포조선소의 일자리가 나를 기다리고 있으니 어쩔 수 없는 일이었다. 돌이켜보면 내 생애를 결정짓는 중요한 일이 전부 이 시기 옥포에서 일어났다. 옥포에서 나는 세상으로 나아가기 위한 준비를 했던 셈이다.

옥포조선소에서 나의 업무는 생산관리였으며, 그중에서도 가장 중요한 선박 건조공정을 관리하는 역할이었다. 강판을 절단하고, 그런 뒤 강판을 이어 붙여 하나하나의 블록으로 제작하면, 이들 블록을 건조 도크에 옮겨 완성된 형태로 조립하는 것을 탑재라고 하는데 이는 조선소에서 가장 중요한 공정 중의 하나였다. 이 업무는 내가 샌프란시스코 벡텔에 출장 가서 맡았던 일이기도 하다.

그곳에서 나는 거북선은 아니지만 세계적인 선박 건조에 참여했고, 그래서 오늘날 대한민국이 조선 선진국으로 우뚝 서는 데 일조했다. 현재 우리나라 조선소들이 세계 선박 건조 순위 1위부터 3위까지 싹쓸이하고 있다니 우리는 그야말로 또 다른 해전에서 전승을 거두고 있는 게 아니고 뭘까.

그런데 3년 만에 옥포를 떠나게 된 것은 해외거점 설립이 무산되었거니와 주변 사람들이 슬슬 자리를 뜨던 즈음, 함께 근무하던 지인으로부터 삼성으로의 이직을 권유받았기 때문이다. 지인은 삼성조선소 최고위층에게 내 이력을 설명했다고 말했다. 지인은 덧붙였다.

"삼성은 그간 지지부진한 조선사업을 세계 1등으로 키우라는 회장의 특명을 받고, 삼성반도체 기흥공장을 최단 시일에 완공시킨 주역을 조선소 책임자로 보냈다. 그동안 가슴에 품고 있었던 세계 최고의 조선소 건설에 동참하지 않겠는가?"

고민하는 밤이 깊어갔다. 1986년, 나는 삼성조선소 면접장으로 향했다. 면접을 보기 전, 기회가 된다면 내 생각과 상황을 솔직하게 말하자고 결심했다. 나는 면접관에게 직장을 여러 번 옮겨 다녔던 것에 대해 반성하는 마음을 가지고 있음을 고백했다. 그 과정에서 얻은 경험을 자세하게 이야기했다. 면접관은 그런 내 태도를 긍정적으로 봐주며 삼성은 활기찬 분위기로 변화를 모색하는 중이라 여러 회사에서 근무한 '다양한 경력자가 필요하다'는 말로 환영해 주었다.

> "
> 나는 면접관에게
> 직장을 여러 번
> 옮겨 다녔던 것에
> 대해 반성하는
> 마음을 가지고
> 있음을 고백했다

나는 아내와 두 아이를 데리고 거제도로 돌아가 삼성중공업에서 제공한 사원 아파트에 살림을 풀었다. 회사는 나를 가족처럼 세심하게 배려했다.

이곳에서도 나는 생산관리조정실 예산 원가관리 담당업무를 맡게 되었다. 선박 건조 시에 필요한 모든 과정의 표준화 설정이 가장 우선적으로 해야 할 일이었다.

샌프란시스코의 벡텔에서 '매뉴얼'을 보고 크게 감명을 받았던 것을 떠올리며 나는 작업별 소요 비용을 수집한 뒤 평균적으로 얼마가 투입되는지 사전 평가한 표준 품셈표를 만들었다. 다른 사원이 전부 퇴근한 컴컴한 사무실에 혼자 남아 열심히 일한 끝에 마련한 '표준 품셈표'는 사내에서 좋은 평가를 받았고 나는 내 운명을 긍정적인 방향으로 이끌 수 있게 됐다.

삼성조선소로 직장을 옮긴 지 6개월 정도 지났을 때, 삼성 내에서 변화의 바람이 불기 시작했다. 그룹의 중핵회사인 삼성반도체통신(삼성전자와 통합)의 신규 사업이 많아지고 반도체사업이 본격화된 것이다. 미국 출장 경험이 있었던 나는 운 좋게 부서를 옮기게 되었다. 지금 생각하면 정말 큰 행운이 따랐다고밖에 볼 수 없는 일이었다. 당시 그룹 내 회사 간 이동이 부서 이동처럼 자연스러운 기업문화를 형성했던 삼성이었기에 가능했다.

그러나 그때는 이제까지 선박 생산 분야에서만 일해온 내가 낯선 산업에 과연 적응할 수 있을지 고민하지 않을 수 없었다. 이는 인생행로를 완전히 뒤집는 일이었다.

"
이제까지 선박 생산 분야에서만 일해온 내가 낯선 산업에 과연 적응할 수 있을지 고민하지 않을 수 없었다

인생행로를 완전히 바꾼 선택

—

그러나 방법이 없었다. 시절이 시절이고 회사 사정이 사정인 만큼 결단을 내려야 했다. 가정과 아이들을 생각해서라도 고집부릴 수 없었고 막막하기는 했으나 아내와 상의할 처지도 아니었다.

당시 삼성의 여러 계열회사 가운데 가장 전망이 좋은 곳이 반도체 통신이었고 반도체는 이건희 회장의 직할 회사였다. 반도체 사업을 눈여겨보았던 이건희 회장은 창업주인 이병철 회장께 수차례 한국반도체 인수를 제안했다고 한다. 그러나 끝내 거절당하게 되자 오로지 자신의 돈으로 파산 직전에 있던 한국반도체 한국 지분 절반을 인수했다는 역사가 있다. 이렇게 한국반도체 인수는 이건희 회장에게는 당신의 첫 사업이 되었고, 나의 입사는 그로부터 12년이 지난 시점이었다.

이건희 회장은 우리나라가 부가가치가 높은 첨단 하이테크 산업으로 진출해야 한다고 확신했다. 이병철 회장이 자동차산업을 제치고 전자산업을 택한 이유가 전자가 자동차보다 몇 배 부가가치가 크다는 사실 때문이었는데, 그렇다면 전자산업 제품 가운데 부가가치가 가장 높은 반도체를 내버려둘 이유가 없었다.

어차피 생면부지의 산업이니 이왕이면 미래를 위한 혁신적인 산업에 도전하고 또 그 분야에 대해 공부하고 싶었다. 나는 떠오르는 반도체를 점찍었고 삼성반도체통신으로 자리를 옮겼다. '모르는 것은 배우자'라는 생각과 함께 과감하게 선택한 나의 그룹 내 이동은 내 인생을 완전히 뒤바꿔 놓는 최고의 선택이 되었다.

인생이란 참으로 정해진 방향으로 흘러가지 않는다. 평범한 중학생이던 내가 거북선을 만들겠다는 꿈을 갖고 공고에 진학하고, 또 조선소에서 일하다가 해외출장 경험을 통해 글로벌 감각을 갖게 되고, 반도체통신 회사로 전직하게 되었으니 말이다. 나중에야 드러났지만 이러한 운명은 나의 미래였으며 내 역량을 마음껏 펼칠 수 있는 터전이었으며, 오늘의 나를 만들어 낼 수 있는 주춧돌이었다. 아내와의 운명적 만남과 결혼이 그러했듯이 말이다.

서울로 올라온 우리 식구는 합정동에 둥지를 틀었다. 그곳에서 2호선 지하철을 타고 을지로 삼성본관으로 출근했다. 그러다가 방학동 신동아 아파트로 이사했는데 안정된 직장에 꼬박꼬박 월급을 받으니 경제적으로 쪼들리지 않았다. 그러나 내가 워낙 일에 빠져 가정에 신경 쓸 시간이 없었으니 아는 사람 하나 없는 서울에서 아이들을 데리고 새롭게 자리를 잡아야 하는 아내는 무척 힘들었을 것이다. 물론 아내는 그때도 지금도 내색은 하지 않는다. 그러나 나이가 들수록 어쩐지 아내의 눈치를 보게 된다. 과거를 떠올릴 때면 더욱 그렇다.

> 이러한 운명은 나의 미래였으며 내 역량을 마음껏 펼칠 수 있는 터전이었으며, 오늘의 나를 만들어 낼 수 있는 주춧돌이었다

10.

삼성에서의
'화양연화' 시절

기를 쓰고 공부에 매달리다

어룡도에서 부산으로, 옥포를 거쳐 거제도에서 살다가 삼성반도
체통신 근무와 함께 처음으로 서울 생활을 시작한 나는 촌티를 벗
지 못했다. 그런 나를 따뜻하게 안아주고 다독여 주신 분이 인사과
장이셨다. 부서 배치를 잘해 줄 테니 꿈을 펼쳐보라며 격려를 아끼
지 않았다. 따뜻한 말 한마디는 살아가는 힘이 되었다.

내가 처음 배치받은 부서는 퍼스널 컴퓨터 사업부였다. 삼성은
그때 막 퍼스널 컴퓨터 사업을 시작하고 있었다. 취급하는 제품은
IBM 호환 기종으로 생산은 구미공장에서 했으나 개발 및 마케팅,
사업관리 부서는 서울에 있을 때였다. 나는 사업관리팀 팀장 바로
아래 직책인 주무로 발령받은 뒤 기를 쓰고 퍼스널 컴퓨터에 관해

기본적인 공부를 시작했다.

지금은 유치원생도 쉽게 사용하는 기기들이지만 1980년대 중반만 해도 퍼스널 컴퓨터는 귀한 것이었다. 컴퓨터라는 제품이 막 태동하는 시기여서, IBM 호스트 컴퓨터와 호환 기종인 AT급이 고작 16비트에 불과했다. 지금 같으면 계산기보다 못한 정도의 성능이었지만 당시 삼성이 미래 먹거리로 내다보고 투자를 고려하던 새로운 사업이었다.

어쨌든 나는 그 시기에 컴퓨터의 마더보드(Mother Board)를 비롯해 중앙연산처리장치 등에 관한 일을 하면서 독학으로 서서히 마스터해 나갔다. 90년대에 들어서자마자 들이닥친 정보화 사회의 성장 속도를 생각해 보면 이때 악착같이 기를 쓰고 컴퓨터의 구조를 이해하고 배운 것은 참으로 다행스럽다.

조선소 시절처럼 나는 병이 날 정도로 열심히 일했다. 일찍이 접한 적이 없는 생소한 분야인지라 모든 것이 낯설었기에 잠을 설치며 열정적으로 공부했고, 병이 날 정도로 일했다. 때때로 내가 쓰러지지 않고 견딜 수 있을까 하는 걱정을 하기도 했다.

생판 다른 세상이었지만 그래도 이공계 출신이라 이해는 빨랐다. 철판을 잘라 배를 만들던 촌놈이 하이테크 기술 변화의 한가운데로 내동댕이쳐졌으니 모든 것이 얼마나 낯설고 두렵고 어려웠겠는가. 바닷가 조선소에서 일하던 내가 생면부지의 서울 한복판 삼성에서 만난 세상은 그야말로 세계가 변하는 속도를 온

> 철판을 잘라 배를
> 만들던 촌놈이
> 하이테크 기술
> 변화의 한가운데로
> 내동댕이쳐졌으니…

몸으로 체감할 수 있게 했다.

그리고 나는 악착같이 살아남았다. 세상은 실로 급격히 바뀌고 정보화 사회의 급격한 성장과 사무자동화 등으로 회사 또한 수직 성장을 구가하면서 조직과 업무에 있어 프로세스 개선이 이루어졌다.

때마침 나는 기업경영 전반에 대해 공부하는 또 한 번의 행운과 조우하게 되었다. 모르는 업무에 내동댕이쳐지는 것이 기회라는 것을 이미 나는 노력과 경험을 통해 알고 있었다. 조직과 업무 프로세스 분야의 개선팀장을 맡게 되면서, 미국의 IBM이나 포드(Ford), AT&T와 노스롭 그루만(Northrop Grumman), 크라이슬러(Chrysler), 그리고 일본의 닛폰전기(日本電氣), 아지노모도 등의 기업을 방문해 세계 초일류 회사의 프로세스를 공부했고, 삼성이 글로벌 선진기업과 격차를 줄일 수 있는 계기를 제공할 수 있었다.

"자네 같은 사람이 필요해"

당시는 어수선한 시국이기도 했다. 1987년 6월 직선제 개헌을 요구하는 데모가 전국에서 물결처럼 일어났다. 나의 직장이 위치한 서울 시청 앞은 날마다 대규모 시위가 연일 이어지는 전쟁터 같았다. 격동의 시절이었다. 나도 그 대열에 끼어 최루탄 가스를 마시고 눈물 콧물을 흘리며 경찰에 쫓겨 다녔다. 지금 생각하면 웃기는 일이지만 나는 시청 앞 지하도에 갇혀 밤을 새우는 경험도 했다.

그러다 1988년 이병철 창업주가 타계하시고 삼성반도체 통신과 삼성전자가 합병하였는데, 삼성전자는 가전 부문, 정보통신 부문, 반도체 부문으로 나뉘었고 나는 정보통신 부문으로 배치됐다. 우리의 주력상품은 전자식 전화교환기와 전화기, 팩시밀리, 광케이블, 키폰, 컴퓨터 같은 새로운 시대의 IT 기기였다.

당시에는 월요일마다 주간 경영회의가 열렸다. 사업관리 담당이었던 나는 매주 금요일 저녁부터 월요일 아침까지 정신이 없었다. 그런 위치에 있던 내가 경영관리에 관한 매뉴얼을 만들어 올렸더니 팀장은 몹시 놀라는 눈치였다. 야근을 자처해 밤늦게까지 남아 전체 업무를 파악하여 문서화하는 것은, 설사 샌프란시스코에서 배운 것을 한 번 더 응용했다고는 하나, 쉬운 일은 아니었다. 우선 근면 성실해야겠으나 미국에서 배운 매뉴얼에 대한 이해가 있었다면 결코 응용할 수 없었기 때문이다.

그 매뉴얼은 팀장을 통해 본부장 책상으로 올라갔다. 혼자 사무실에 남아 늦게까지 일하고 있던 어느 날이었다. 본부장이 찾아와 선물이라면 선물이랄 수 있는 새로운 임무를 부여했다.

"우리가 새로운 부서를 하나 만드는데 자네 같은 사람이 필요해."

나에게 힘을 실어주는 본부장의 손이 내 등을 두드렸다.

"잘해봐."

'악역'을 담당할 수밖에

본부장은 인사책임자에게 지시해 나를 업무개선(감사)팀으로 보냈다. 업무개선팀은 회사의 규모가 커지고 조직이 방대해지면서 발생하는 비효율을 제거하고 업무체계를 효율화하여 초일류기업으로 나아가는 데 첨병 역할을 하는 부서였다. 부정부패를 방지하는 감사도 우리 팀의 역할이었다.

나는 부서 이동을 계기로 회사 전반에 대해 공부할 수 있었고, 웬만한 위치에 있는 임원들도 알 수 없는 회사의 중요한 면을 두루 살펴볼 수 있었다.

그러나 좋지 못한 일들도 생겼다. 사장님이나 본부장급에 관한 고급 정보를 과장이 들춰보며 감사한다는 사실도 그러하지만, 그런 기간이 5~6년이나 되면서 본의 아니게 적을 만들게 되었다. 자신의 업무에 관해 지적받는 일도 싫은 법인데 하물며 징계나 퇴직 처분에 이르는 경우 당사자의 감정이 좋을 리 없었다.

일본 주재원으로 파견 나가기 직전까지 나는 감사팀에서 6년을 보냈다. 돌이켜보면 그 시절이 삼성맨으로서 나의 '화양연화(花樣年華)'였다. 영화 '화양연화'는 배우자가 있는 어느 남녀가 우연히 사랑을 나누고 헤어지는 '불륜'을 역설적으로 표현해 가장 아름답고 행복한 시절이라고 기억한다. 그처럼 나 또한 징계나 퇴직 처분을 받아야 하는 임직원들에게 증거를 제시할 수밖에 없었던 감사팀

> 사장님이나 본부장급에 관한 고급 정보를 과장이 들춰보며 감사한다는 사실도 그러하지만, 그런 기간이 5~6년이나 되면서 본의 아니게 적을 만들게 되었다

시절을 그렇게 부르고 싶다.

내가 속한 업무개선(감사)팀을 '전사(全査)팀'이라고 불렀는데, 그 말처럼 회사 전체를 감사하는 자리였으니 많은 영역을 속속들이 들여다보고 이런저런 징벌을 집행하는 '악역'을 담당할 수밖에 없었다. 그동안 서로 응원해주며 잘 지내왔던 직원들조차 나를 피하곤 했으니 회사 내 위상이 어느 정도였을지 짐작할 수 있을 것이다.

그러나 나는 주어진 역할에 최선을 다했고, 이건희 회장 지시로 만들어진 삼성그룹 명의의 '감사인 상'을 제정 첫 해인 1992년에 최초로 수상했다. 이후 삼성그룹에서는 이 상을 더욱 확대시켜 '자랑스런 삼성인 상'으로 발전시켰다. 비록 악역을 하느라 공공의 적이 되었으나 회사에 꼭 필요한 일을 하고 있다는 자부심을 느낀 시간이었으니, 나로서는 큰 영광이 아닐 수 없다.

회사 전체를 감사하는 자리였으니 많은 영역을 속속들이 들여다보고 이런저런 징벌을 집행하는 '악역'을 담당

11.

너 허파에 바람 들어갔어?

신세계였던 사무실

———

지금으로부터 약 40년 전, 나는 대우조선해양에 근무하고 있었다. 당시 대우조선해양은 미국 정유회사 아르코(ARCO Oil)가 벡텔에 발주한 '담수 처리용 해양 구조물(Sea Water Treatment Plant)' 건조 프로젝트에 시공자로 참여했다.

대우조선해양이 시공하는 '담수 처리용 해양 구조물' 프로젝트는 알래스카 프로도만(Bay)에 설치하기로 되어있었다. 해수를 담수로 만들어내는 이 구조물은 최첨단 과학과 기술의 집합체로 길이 186m, 넓이 46m, 높이 35m로, 규모는 축구장 2개보다 더 컸으며 총 무게가 무려 2만 4천여 톤에 이르는 초대형 프로젝트였다. 수주 금액도 당시 우리나라 총 수출액의 약 0.5%에 해당했으니 우리 팀 모두 반드시 성공시켜야 한다는 사명감에 뜨거운 애국심을 연료 삼아 업무에 임했다.

20대 초반의 젊은 나이에 선배들과 상사들을 따라 미국 샌프란시스코에 있는 엔지니어링 회사 벡텔에 3개월간 출장을 갔다. 이 경험이 내 인생을 넓고 새로운 세계로, 전혀 다른 경지로 이끌었다.

벡텔은 선박과 해양 구조물뿐만 아니라 고속철도와 원자력발전소에 이르는 최첨단 구축물에 관한 설계를 비롯해 시공과 감리까지 다 해결하는 세계 최고 초일류 엔지니어링 회사였다.

우리 출장 팀의 임무는 벡텔에서 제공하는 정보와 전달 사항 숙지는 물론 우리 기술로 해양 건조물의 생산 공정을 이해하고 충분히 관리할 수 있다는 것을 서면으로 증명하는 일이었다. 또한 이에 관한 선진 관리 기법 등을 그들에게 설명해야 한다는 임무도 있었다.

벡텔은 한국에서 온 우리 팀을 위해 본사 빌딩에 사무실을 마련해줬다. 그 사무실은 신세계 자체였다. 당시 우리나라에서는 직장인들이 공용화장실에 있는 두루마리 휴지를 가지고 와서 책상 위에 두고 사용하던 시절이었다.

나는 그 사무실에서 메모리 기능이 탑재된 타자기를 처음 봤고, 다양한 디자인과 용도의 사무용품에 놀라움을 금치 못했다. 기계를 설계하는 전문 엔지니어들이나 쓸 수 있는 값비싼 샤프펜슬이 사무용품 코너에 가득 쌓여 있었다. 그러니 그들

"

당시 우리나라에서는 공용화장실에 있는 두루마리 휴지를 가지고 와서 책상 위에 두고 사용하던 시절이었다

의 생산성이 몇 배로 높을 수밖에 없었다. 우리나라에서는 구경할 수도 없었던 제록스 복사기가 있었는데, 그 복사기를 사용하면 책 1권이 3분 만에 복사됐다. 양면 컬러 복사였고 스탬플링 제본으로 책처럼 만들어졌다. 그러니 그들의 업무 생산성이 상상을 초월할 수밖에 없었던 것이다.

게다가 벡텔에서 내놓은 정교한 매뉴얼을 처음 보고 느낀 감정은 감동이 아니라 열등감과 패배감이라 부를 만했다. 하지만 나는 긍정적 사고를 하는 사람이라 '우리도 할 수 있다'는 식으로 마음을 고쳐 먹었다. 한국에서는 수주를 받은 쪽에서 "맞추겠습니다!" 이렇게 하는 문화였는데, 벡텔에서는 그 방식이 먹히지 않았다. 그들은 오랜 경험으로 누적된 데이터를 갖고 논의했다. 그 데이터를 바탕으로, '한국은 이 프로젝트를 하는 데 어느 정도의 시간이 걸릴 것이다'라는 것을 유추해냈다. 오히려 우리의 과도한 의욕을 경계했다. 그 경험을 통해 나는 미국과 한국의 엄청난 기술력 차이를 실감했고 동시에 내가, 우리가, 우리나라가 함께 해나가야 할 일을 실감할 수 있었다. 선진국의 아주 큰 회사의 핵심 부서에 들어가서 업무를 배우고 경험할 수 있었던 것 자체가 엄청난 축복이고 행운이었다.

축구장 2배 크기의 선박이 내 담당

당시 우리 출장팀은 구조물 제작에 관한 일정표를 만들고 설명해 백텔의 승인을 받는 것을 일차적 목적으로 했다. 나로선 내밀한 기술 정보까지는 알지 못했지만, 샌프란시스코 출장을 통해 조선을 중심으로 한 해양산업과 건설산업의 전반적 지식을 겉핥기식으로 나마 체험할 수 있었다. 또 벡텔에서 세계 최고의 전문가들과 어울려 프로젝트를 수행한다는 사실만으로도 에너지가 솟구쳤다.

내 전담 업무는 축구장 2배 크기의 구조물을 레고처럼 수백 개로 조각내고, 그 조각들을 어떤 순서로 조립하며, 어느 정도의 기간에 몇 명의 작업자를 투입할 것인지에 대한 생산관리 공정표와 자원(작업자 투입) 배분 계획을 컴퓨터로 만들어 승인받는 것이었다.

지금은 전혀 새롭지 않은 방법이지만 당시로서는 매우 생소한, 컴퓨터에 의한 최첨단 생산관리 기법이었다. 이 프로젝트에 참여하면서 나는 기술적 측면만 아니라 경제적 측면을 들여다볼 수 있었다. 각 분야 전문가들과의 미팅과 회의 등에 대한 감각을 체득할 수 있었다.

제법 규모가 있는 어떤 일을 하려면 필요한 자원, 비용 등을 계획하는 배분 업무가 가장 핵심이라고 해도 지나치지 않다. 우리 팀의 막내였던 내가 그 업무를 맡아서 팀을 이끌었던 셈이다. 나는 그 프로젝트를 수행하면서 업무에 대한 합리적이고 논리적인 접근을 제대로 배웠고, 그런 방식을 일상생활에도 적용했다.

만약 내가 서울에서 부산을 다녀온다면, 며칠 동안 갈 것인지, KTX를 탈 것인지, 자가용으로 이동할 것인지, 무엇을 볼 것인지, 숙소는 어디로 잡을 것인지, 식사를 무엇으로 할 것인지 등등 미리 계획하고 여행 시간표와 비용을 짠다면 불필요한 낭비를 줄일 수 있다.

나는 생활에서도 자원 배분을 적용한다. 조그만 책상 하나를 만든다고 하자. 그냥 되는 대로 만들지 않고 미리 계획을 짠다. 만들고자 하는 책상 크기와 무게를 정하면 나무의 두께와 길이를 정할 수 있다. 그러면 들어가야 할 비용과 작업 시간도 계산할 수 있다. 이렇게 하면 시간 낭비를 줄일 수 있다. 사전에 치밀하게 계획하고 준비해 추진한 결과, 90% 정도 계획대로 되었다면 대단히 잘한 것이다. 자원 배분 계획과 실행 사이의 편차가 적을수록 유능하고 실력 있는 사람으로 평가받는다.

여담이지만, 내게는 일정(日程)을 적는 작은 휴대용 수첩이 있다. 수첩 활용은 직장생활을 시작할 때부터 갖게 된 내 평생의 오래된 습관이다. 지금까지 사용한 모든 수첩을 다 보관하고 있다. 수첩에 미리 정리해 놓으면 시간에 쫓기지 않고 여유 있게 미리 준비할 수 있다. 디지털 기기인 휴대폰에 일정을 적지 않는 이유는 수첩이 더 편리하고 한눈에 들어오기 때문이다. 휴대폰은 누군가가 가져갈 수도 있다. 하지만 수첩은 한 번도 잃어버린 적이 없다. 또 휴대폰처럼 저장된 기록에 변화가 일어날 가능성도 없다. 디지털 기기는 보조기구일 뿐 결코 만능이 아니다.

스탠퍼드 대학 캠퍼스에서의 감동

———

하루 이틀이라면 휴식 없는 고강도 노동을 투입해서 일을 마치는 게 가능하다. 긴 시간 이어지는 프로젝트일수록 휴식이 중요하다. 벡텔에서 근무하는 3개월 출장 동안 가장 기억에 남는 휴일을 꼽는 다면, 미국의 명문 스탠퍼드 대학을 방문한 날이다. 미국에서 가장 넓다는 거대한 캠퍼스도 장관이었고 웅장한 건물은 스탠퍼드 대학의 역사와 전통을 조용히 보여주고 있었다.

처음에는 넓은 캠퍼스와 장엄한 건물과 건축물에 압도되었는데, 흰 꽃송이가 지천을 이룬 캠퍼스 숲속을 걷다가 서점을 발견하고는 탄성을 내질렀다. 지금 생각해도 그 감동은 뭐라고 말하기 힘들다. 세계의 대도시 그 어떤 거대한 최고 수준의 대형서점에서도 나는 스탠퍼드 대학 캠퍼스의 숲속에서 느꼈던 울렁거리는 가슴을 다시 느낄 수 없었다.

3개월 출장이 끝날 무렵, 나는 스탠퍼드 대학을 한 번 더 방문할 수 있었다. 두 번째 방문에서 나는 문득 '이런 곳에서 열심히 공부하고 싶다'는 생각을 했다. 홀로 진지하게 고민하던 나는 어느 날 밤 부장님께 이렇게 물었다.

"부장님, 제가 한국으로 돌아가지 않고 여기서 도망치면 어떻게 돼요?"

이상한 놈 다 보겠다는 눈으로 나를 바라보는 부장님에게 재차 물었다.

> 부장님, 제가
> 한국으로
> 돌아가지 않고
> 여기서 도망치면
> 어떻게 돼요?

"어떻게 될까요?"

"어떻게 되긴 뭐가 어떻게 돼? 너는 불법 체류자로 감옥에 가거나 구걸하는 팔자로 돌아다니다 굶어 죽겠지. 왜 그래? 너 허파에 바람 들어갔어?"

결국 나는 스탠퍼드 대학을 뒤로 하고 거제도 옥포조선소로 돌아왔다. 하지만 그때의 기억 덕분에 나는 지금도 꾸준히 영어를 공부하고 있다. 스탠퍼드 대학과의 인연으로 나는 사회인이 된 후에도 공부하는 습관과 기쁨을 맛보게 되었다. 그 경험 덕분에 '공부하는 직장인'은 나의 주특기이자 최고의 무기가 되었다. 이렇듯 한참 세월이 지난 뒤에 보면 아무런 의미도 없고, 스치듯 지나가는 바람 같은 인연의 사람이나 공간이 나를 키워주는 스승이 되어 있다.

\#

조직을
떠나는
시간

12.
창피한 생각조차 없이
엉엉 울며 108배

왜 해인사였는지 알 수 없다

2005년, 나는 삼성전자를 그만두겠다고 결심하고 있었다. 삼성 TV가 세계 1위가 된 직후였는데 목표를 달성하고 나자 허탈감이 몰려왔다. 쉴 새 없이 자신을 몰아붙이며 긴장했던 시간이 길었기 때문일까. 누적된 피로가 한꺼번에 몰려오면서 몸보다 마음이 지쳐버렸다.

회사를 그만두면 뭘 해야 할지 계획조차 없는데도 일단, 회사를 그만두고 싶다는 생각이 날마다 마음속에서 소용돌이를 일으켰다. 이대로는 안 될 것 같은 마음에 연차를 내고 아내와 함께 해인사로 내려갔다.

왜 해인사였는지는 나도 알 수 없다. 해인사에 아는 스님이 계신

"
해인사에 도착해 법당에 들어간
나는 누가 시키지도 않았는데
108배를 하기 시작했다. 예불은
어떻게 하는 것인지, 예불
시간은 언제인지, 108배는 언제
하는 것인지조차 모르면서

것도 아니었고, 해인사를 소개해준 사람
이 있는 것도 아니었다. 그저 마음이 끌려
서, 태어나서 처음으로 평일에, 나의 의
지로 회사가 아닌 절에 간 것이다. 그때는
나도 내 마음을 알지 못했다. 내 마음이
어떤지 가만히 들여다볼 여유도, 지혜도

그때는 없었다. 다만 나를, 내 생각을 바꾸고 싶다는 마음만은 간절
했다.

　그렇게 해인사에 도착해 법당에 들어간 나는 누가 시키지도 않
았는데 108배를 하기 시작했다. 예불은 어떻게 하는 것인지, 예불
시간은 언제인지, 108배는 언제 하는 것인지조차 모르면서 일단
108배를 해야겠다는 생각이 들자마자 바로 절을 시작했다. 태어나
서 처음 해보는 108배였다.

　호기롭게 시작했으나 60배를 넘어가자 다리가 후들거리며 땀
이 비오듯 쏟아졌다. 얼굴에서 흘러내리는 것이 눈물인지 땀인지조
차 알 수 없었다. 힘겹게 108배를 채워가는데 어느 순간 눈물이 하
염없이 흘렀다. 가슴 속에 응어리처럼 맺혀있던 서러움이 온몸으
로 흘러나오는 것 같았다. 창피하다는 생
각조차 할 여유도 없이, 나는 엉엉 울면서
108배를 했다.

"
힘겹게 108배를 채워가는데
어느 순간 눈물이 하염없이
흘렀다. 가슴 속에 응어리처럼
맺혀있던 서러움이 온몸으로
흘러나오는 것 같았다

　어느 순간부터는 법당의 풍경조차 사라

지고 들고나는 사람들조차 눈에 들어오지 않았다. 오직 부처님과 나, 둘만 존재하는 것 같은 기분이 들었다. 그렇게 나는 절하기 삼매에 푹 빠진 채 인생의 첫 108배를 마쳤다. 108배를 마친 후, 땀에 젖은 채 가만히 앉아서 나를 돌이켜보았다.

고작 108배도 제대로 못 하면서, '세계 1등 TV의 주역'이라면서 그동안 너무 교만하게 잘난 척을 했구나. 입으로는 세계 1등을 외치면서, 나의 본질은 이토록 나약하기 짝이 없었구나.

모든 것이 아름다웠다
—

늘 큰 꿈을 갖고, 그 꿈을 이뤄나가는 성취감으로 세상을 살아왔던 나는 성공의 맛, 성취의 맛에 취해 교만에 빠져 있었던 것은 아닐까. 눈물, 콧물, 땀 범벅으로 108배를 하면서 나는 나의 나약함을 확인하고 인정했다. 스스로 나약하다는 것을 받아들이자 오히려 가슴의 응어리가 스르르 풀어지는 것 같았다. 이상하게 기분이 나쁘지 않았다. 그 마음을 간직한 채 법당을 나오면서 부처님과 약속했다.

'부처님, 제가 처음이고 미숙하여 오늘은 겨우 108배만 하고 갑니다. 다음에 꼭 다시 와서 그때는 3000배를 올리겠습니다.'

부처님과 나만의 약속이었다. 그렇게 부처님께 약속드린 후 이번에는 지리산으로 향했다. 지리산 하동에 있는 작은 암자 금봉암에 계신 스님이 뵙고 싶어졌기 때문이다. 부처님을 알고 싶다는 생각이 들면서 스님을 뵙고, 불교 공부를 제대로 해봐야겠다고 다짐하며 섬진강 하구에 있는 화개장터를 지나 구비구비 길을 올라가는데 갑자기 가슴이 탁 트이면서 막혔던 속이 뻥 뚫리는 것 같았다.

울렁거리는 마음을 제어할 수 없어 길가에 차를 세우고 내렸다. 갑자기 살랑거리는 나뭇잎도, 반짝이며 흘러가는 섬진강도, 왜 그러냐고 묻는 아내의 목소리도 모든 것이 다 아름답고 예뻐 보였다.

"나도 모르겠다. 가슴이 확 뚫리는 것 같아."

지리산 중턱 갓길에 차를 세워놓고 나는 한참이나 서 있었다. 쌓였던 응어리가 녹아내린 자리에 맑고 시원한 바람이 쉴 새 없이 불었다. 그렇게 한참 있다가 천천히 금봉암으로 가서 주지스님을 뵙고 인사를 드렸다.

일단 108배를 한번 해봐

───

그곳에서 하룻밤을 잔 후 다음 날 새벽 3시에 일어나서 스님과 함께 기도를 올렸다. 캄캄한 새벽에 시작된 예불은 아침이 밝아올 때쯤 끝났다. 기도의 마지막에 석가모니불을 정근하는데 그때 또 눈물이 쏟아졌다. 예불을 마친 후, 스님께 여쭤보았다.

"스님, 제가 해인사에서 108배를 처음 올렸는데 그렇게 눈물이 났습니다. 오늘도 처음으로 기도를 하고 예불을 하고 정근을 하는데 또 눈물이 그렇게 났습니다. 그렇게 두 번을 울었는데 무슨 조화

인지 가슴이 뻥 뚫린 것처럼 시원합니다. 앞으로 부처
님 공부도 하고 싶고, 매일 절에 갈 수는 없지만 집에
서도 기도를 하고 싶은데 어떻게 하면 좋겠습니까?"

"그저 오늘처럼, 오늘 같은 마음으로 하시면 됩니다."

스님은 법당에 있던 예불책과 경전을 선물로 주셨
다. 나는 스님이 주신 책과 경전을 부처님처럼 모시고 집으로 돌아
왔다. 그리고 곧바로 나 혼자 기도하는 작은 집을 만들고, 매일 새
벽 금봉암에서 했던 것처럼 예불을 하고 기도를 하고 『금강경』을 읽
고 사경을 하고 정근을 하고 108배를 했다.

2시간을 꼬박 기도하고 난 후 회사에 출근하기를 1년, 사람들은
나를 보면서 '달라졌다' '비결이 뭐냐?'고 물었다. 무엇보다 고민이
많은 사람들이 나를 찾아와 조언을 구했다. 그때마다 나는 이렇게
대답하곤 했다.

"종교 상관없이 일단 108배를 한번 해봐. 쉽지 않겠지만 분명 느
껴지는 게 있을 거야."

처음 해인사에 다녀온 지 2년째 되던 해, 퇴사 결정을 앞둔 나는
다시 해인사에 갔다. 그리고 약속대로 3000배를 올렸다. 그동안 매
일 새벽마다 108배로 단련되었고, 2년 동안 금주를 한 덕분이었을
까. 108배에도 헉헉대던 내가 3000배를 하면서도 힘이 들지 않았
다. 해인사 외에도 봉정암을 비롯하여 선사들이 계셨던 사찰을 찾
아다니며 3000배 또는 108배를 올리곤 했다. 등산을 하다가도 암

자나 사찰을 만나면 108배 혹은 3배라도 꼭 올렸다.

지금은 그때보다 간단하게 기도하지만, 완전히 몰입하여 기도했던 나만의 시간을 가졌던 것은 퇴사 후 새로운 일을 해 나가는 데 있어서 굉장히 큰 힘이 되었다. 조선소에 있을 때도, 삼성에 있을 때도 물론 자신감이 있었으나 그것은 실력에 대한 자부심이었다. 하지만 108배를 시작으로 기도와 몰입의 힘을 통해 얻은 자신감은 그 어떤 것에도 흔들리지 않을 수 있다는, 설사 흔들린다 해도 다스릴 수 있다는 단단하고 튼튼해진 마음에 대한 자신감이었다.

13.

일본 회사 임원이 사무실에서
혼자 도시락을 먹는 까닭

과일나무를 심는 사람처럼

박수 칠 때 떠나라, 이런 유명한 구절이 나의 삶에서 실현될 거라고는 전혀 생각하지 못했다.

LCD TV가 세계 시장에서 두각을 나타내고, 회사 내에서도 관심도가 높아지자, 회사 내 임원과 간부들이 하나둘 나의 자리를 탐내기 시작하는 것 같았다.

나와 함께 동고동락한 LCD TV PM 조직 설립 초기 멤버들에게는 두고두고 미안한 결정이었지만 나는 떠날 때가 된 것을 직감하고 있었다. LCD TV 사업이 더욱 성장하여 세계 최고의 TV가 되기 위해서는 나보다 더 유능한 인재

"
LCD TV가 세계 시장에서 두각을 나타내고, 회사 내에서도 관심도가 높아지자, 회사 내 임원과 간부들이 하나둘 나의 자리를 탐내기 시작

들이 담당해야 한다고 마음을 굳히고 있던 중이었다.

이러한 생각은 LCD TV 사업 초기부터 우리 멤버들에게 강조한 말이기도 했다.

"우리는 과일나무를 심는 사람으로 기초를 만드는 데 최선을 다하는 것이 중요하다. 과일은 우리가 아닌 후임자들이 따 먹을 것이다. 그렇다고 아쉬워하지 말자. 우리는 '삼성전자 최초로 LCD TV를 만들고 판매한 사람들'이라는 것만으로도 두고두고 영광스러울 것이다."

실제 '삼성전자 최초로 LCD TV를 만들고 판매한 사람'이라는 경력은 훈장처럼 나의 삶에서 반짝이며 생동감 넘치게 만들어준다. 우리는 지금도 가끔 만나고 있으며, 그때 함께한 대다수는 지금도 삼성에서 근무 중이다. 나는 그들이 자랑스럽다.

"이제 삼성을 떠나려고 합니다!"

삼성을 그만두겠다는 내게 사장님이 야단을 쳤다.

"왜 그러나? 좀 쉬고 싶은가?"

"아닙니다."

"그럼 왜 그래? 더 기다려 봐."

평소 날 아끼던 분이라 크게 호통쳤으나 나는 뜻을 굽히지 않았고, 이후 두 차례나 거듭 뜻을 전하자 사장님이 다시 물었다.

"그럼 뭘 할 생각이야?"

"차차 알아보겠지만 제 사업을 하고 싶습니다."

사실 그때 나는 준비하는 게 전혀 없었고 단지 지친 몸에 휴식을 주고 쉬고 싶을 뿐이었다. 하지만 젊은 사람이 쉬겠다고 말할 수는 없는지라 그렇게 말씀드렸을 뿐인데 사장님은 어떤 일본 회사가 있는데 지금 마땅한 사람을 찾는다면서 내게 의향을 타진했다.

"좋은 회사야. 전자제품 커넥터 분야에서 세계적으로 알아주는 회사야."

그 회사에서 한국법인을 맡아줄 책임자를 찾는 중이라고 했다.

"그 회사에서 일본어에 능통하고, 삼성 근무 경험을 가진 사람이 있으면 좋겠다고 해. 50대 초반을 찾는데 자네 나이가 딱 맞구먼. 어떤가? 생각 있나?"

당시 내 나이가 만으로 48세였으니 나를 위해 맞춘 것 같은 조건이었다. 사장님 소개를 핑계로 면접을 보았고, 그쪽에서는 출근을 원했지만 나는 좀 더 생각해보겠다며 얼른 응하지 않았다. 그랬는데도 그쪽에서는 나를 기다렸다. 당시만 해도 외국회사의 한국인 법인장은 소수에 불과했고 더구나 일본회사의 경우 한국법인에서도 대부분 일본사람이 파견근무를 했으니 나의 일본 회사 입사는 특별한 사례였다.

일본항공전자는 세계 1위

———

2006년 2월, 나는 삼성을 그만두고 일본항공전자 한국법인(JAE

Korea)으로 출근했다. 제이에이이코리아는 일본전자(NEC)의 자회사로 초정밀 커넥터를 생산하는 회사다. 커넥터란 전기적 신호로 부품과 부품을 연결해주는 소자로, 일본항공전자는 그 분야에서 세계 1위를 달리고 있었다. 지금은 국내 중견기업들도 커넥터를 생산하지만 아직 외국 기술에 의존한다고 들었다. 커넥터를 탑재하는 대표적인 기기가 휴대폰인데, 이외에도 전기가 흐르는 모든 전자제품의 연결지점에는 초정밀 커넥터가 장착된다. 일본항공전자는 우리나라로 치면 중견기업 정도지만 경영이 투명하고 효율적이며 세계적 안목을 가지고 있었다.

일본 기업에 입사하여 일본 경영인들의 경영방식과 치밀함 등을 하나하나 공부하면서 체계적으로 파악했다. 그들은 이사회에서도 일방적인 의사결정을 하지 않았으며, 누구나 자유롭게 발언하고, 자기 의견을 개진한 뒤 설령 자기 의견이 채택되지 않더라도 상명하복의 구조에 따라 결정된 방향으로 일사불란하게 움직였다. 나도 이사회에 참가했고, 자연스럽게 일본식 사고에 익숙해졌다.

한국법인의 회사 정관은 표준정관을 이용했는데, 우리나라라면 수시로 변경할 사안 하나를 추가하는 데 1년이라는 시간이 걸렸다. 그 항목 하나가 추가됨으로써 일어날 수 있는 일을 미리 준비하는 주도면밀함 때문이었다. 변경된 정관의 주요 내용은 대표가 능력이 있으니 본사에서 제조해 한국에서 판매만 하던 제품을 제조까지 겸하라는 것이었다. 즉 판매법인을 판매 및 제조법인으로 변경하는 어떻게 보면 아주 단순한 내용이었다. 그러나 그들은 실행을 위한 사전 점검을 철저히 하면서 단순한 문제를 결코 단순하고 쉽게 생각하지 않았다.

일본 기업의 이러한 업무 진행은 우리가 깊이 새겨 배워야 할 점이라고 생각한다. 우리나라에서는 기업의 대주주라면 자신 마음대로 회사의 룰을 정하는 경우가 있다. 그러기보다는 사전에 세목을 살피고 추후 도래할 문제점을 점검하는 자세가 필요하다. 일본이라고 대주주가 없을 리 없다. 하지만 그들은 상장회사라면 어떤 주주라도 주주의 권리에 따른 대우가 엄격하다. 투명한 재무관리는 물론이고 대주주나 대표이사라고 해서 일방적으로 결정하는 경우를 본 적이 없다.

일본 회사에서는 고위직이라도 회사에서 제공하는 승용차를 마음대로 사용할 수 없다. 많은 임원이 자가용 없이 대중교통을 이용해서 출퇴근하고 혼자 도시락밥을 먹거나 편의점에서 주문한 간편식단으로 사무실에서 혼자 식사하는 일이 적지 않다. 철저한 상명하복의 질서를 지키지만 권위주의 문화는 어디서도 찾아볼 수 없다. 1990년대 초, 수면 위로 떠오른 권위주의 폐해를 그 즉시 해결해 지금은 수평적인 임직원 관계를 엄격하게 지킨다. 이른바 '갑질 문화'로 대표되는 고질적인 구태와 폐습을 그들은 우리보다 20년 앞서 반성했고 해결했던 것이다.

"

많은 임원이 자가용 없이 대중교통을 이용해서 출퇴근하고 혼자 도시락밥을 먹거나 편의점에서 주문한 간편 식단으로 사무실에서 혼자 식사하는 일이 적지 않다

우리나라 기업들이 당한 갑질

—

그러나 그러한 일본 기업들이 우리나라 거래처를 대할 때는 딴판이었다. 모든 일본 회사들이 그랬다고 할 수는 없지만, 당시 일본 기업들과 거래하는 우리나라 기업들은 곧잘 갑질 당하는 수모를 겪었기 때문이다. 예를 들면 주요 부품을 공급할 때 1순위는 일본이었고, 미국이나 유럽 쪽은 그다음이었다. 나는 삼성을 비롯한 국내 기업의 부품 공급에 최대한 편의를 봐주려고 했고 가격 역시 많이 인하해주었다. 아마 이러한 문화적 융통성 때문에 한국인의 몸으로 한국 법인의 대표를 할 수 있었던 게 아닐지 생각한다.

일본항공전자는 디지털 TV가 나오면서 HDMI라고 하는 디지털 방송 신호를 전달하는 핵심 커넥터를 가장 먼저 개발했다. 초기에는 굉장히 비싼 제품이었지만 나는 50% 이상 저렴한 가격으로 국내 거래회사에 공급했다. 나는 본사 기준으로도 성실한 전문경영인이었지만 국내 기업들에게도 좋은 외국인 회사의 대표였다고 자평한다. 서울에서 근무하는 일본인 주재원도 있었는데 나는 평소에 그들과도 잘 어울렸기에 나의 영업방식이 잘 통했다.

제이에이이코리아는 우리나라로 치면 중견기업 정도지만 경영이 투명하고 효율적이며 세계적 안목을 가지고 있었다. 그러한 속내까지 살펴보는 기회가 나에게 주어진 것은 큰 축복이며, 좋은 공부가 되었다.

나는 2006년에 입사해 2015년 퇴사할 때까지 9년간 근무했다. 가격 경쟁력을 갖추고 국가 위험도를 낮추기 위해 한국에서 OEM(주문) 생산을 하였으나 엔저 현상으로 인하여 한국 생산을 중단하게 되자, 나는 더 이상 한국 기업들에게 큰 도움을 줄 수 없음을 자각하고 스스로 퇴임했다.

안타까운 일이었으나 경쟁과 이익을 우선하는 비즈니스 세계는 정과 의리로 움직이는 곳이 아니다. 기업의 생리상, 그리고 한국법인의 대표로서 냉정한 선택을 할 수밖에 없었다.

14.

사장을 할 팔자는
따로 있나?

당시 인팩은 젊은 기업

나는 현재 인팩코리아의 대표다. 인팩코리아의 모회사 인팩테크놀로지(INPAQ Technology)는 1998년 6월에 설립됐다. 그룹 전체적으로는 약 5,000명의 종업원이 있는 대만 회사다. 개발 인력만 300명 정도이며, 본사는 대만의 북서부 주난에 있다. 공장은 대만, 중국의 쑤저우(蘇州)와 우시(無錫) 등 전 세계 네 곳에 있다.

2007년 가을, 나는 지인의 소개로 인팩 본사의 책임자를 만났다. 당시 인팩에게는 삼성전자와 LG전자에 인팩의 부품 공급을 늘리는 것이 중요한 과제였다. 하지만 수년째 답보 상태에 머무르자, 전문경영인이 아니라 오너로 합작 투자 형태의 판매법인을 운영할 파트너를 물색 중이었다. 그때 인팩은 한국에 몇 개의 판매대행점을 두고 있었으나 시장이 확대되지 않았다. 그래서 판매법인 설립을 통해 시장을 확대할 수 있다고 보았던 것이다.

인팩의 입장에서는 삼성전자 출신인 내가 매력적인 파트너였다. 당시 인팩은 설립된 지 10년 정도 된 젊은 기업이고, 확장성이 큰 안테나와 패시브(Passive) 부품사업을 하고 있었기에 나는 투자 가치가 있다고 판단했다. 내가 합류하기가 무섭게 인팩은 현지 법인 설립을 서둘렀다.

인팩코리아는 2008년 인팩테크놀로지와 합작법인으로 설립한 한국법인이다. 스마트폰이나 디지털 TV, 자동차 등 전류가 흐르는 모든 제품에 사용되는 수동소자류와 RF 안테나를 공급하고 있다. 삼성전자와 LG 등 글로벌 기업에 제품을 공급하며, 세계 최고의 휴대폰과 디지털 TV에는 인팩의 부품이 사용되고 있다고 해도 과언이 아니다. 특히 GPS 안테나는 세계시장 점유율 1위다. 해외에 나가면 GPS 안테나가 장착된 네비게이션 10개 가운데 6개가 인팩 제품이다. 다만 제조업체와 직거래 위주의 영업을 하는 까닭에 일반인에게는 많이 알려지지 않았다.

초기 자본금은 바닥나고

인팩코리아 설립에 관한 기본적인 합의를 마치자마자 사무실을

"
....
당장이라도
인팩코리아를 세계
일류 기업으로 일으킬
것처럼 나의 자만심은
하늘을 찌르고 있었다.
하지만 나만의 달콤한
환상은 얼마 가지 않아
산산조각 부서졌다

구하러 다니고, 책걸상과 사무용품을 주문하며, 직원을 모집하면서 개업을 준비했다. 회사의 비전을 만들고, 10년 후 '1조원 규모 기업'으로 키우겠다는 원대한 목표도 세웠다. 창업식 행사에는 많은 분이 직접 참석해 축하해주었다. 엄청난 수의 화환과 화분들이 배달되었다. 당장이라도 인팩코리아를 세계 일류 기업으로 일으킬 것처럼 나의 자만심은 하늘을 찌르고 있었다. 하지만 나만의 달콤한 환상은 얼마 가지 않아 산산조각 부서졌다.

인팩코리아를 설립한 직후인 2008년 9월 15일에 리먼 브라더스 파산 사태가 발생했기 때문이다. '글로벌 금융위기'라고 불리는 이 사태가 불러온 위기는 IMF 때보다 더 심각하고 지독했다. 막 출범한 신생 합작법인인 인팩코리아는 리먼 브라더스 파산이 촉발시킨 금융위기로 전 세계 국가와 기업들이 초긴축 경영에 들어가는 등 뜻하지 않은 강력한 태풍을 만났던 것이다.

당초 주고객으로 삼은 삼성전자와 엘지전자는 새로운 공급자를 늘리지 않는 등 초긴축 경영에 돌입했다. 통상적으로 해온 해외 출장마저 정지되었을 정도다. 전자제품의 부품을 만드는 공장들이 제대로 물건을 만들고 검사하고 품질을 보증하는지를 점검하는 오디트(audit) 출장까지 정지되었다. 삼성전자뿐 아니라 거의 모든 회사들이 출장을 중단시켰다.

나에겐 날벼락 같은 일이었다. 게다가 평생 따박따박 월급을 받다가 이제는 직원들에게 월급을 주어야 하고, 사무실 임대료 등등을 지급해야 한다는 것을 자각한 순간, 수억 원의 초기 자본금은 벌써 바닥을 드러내기 시작하였다.

오픈 마켓을 돌파구로 삼아

지금이야 웃으면서 이야기하지만 그 당시에는 너무도 절박한 나머지 극단적인 생각도 했었다.

'아, 나는 사업할 팔자가 아니구나!'

그렇다고 그런 생각에 마냥 머물러 있을 수는 없었다. 대표이사인 내 급여는 거의 제로 수준으로 낮추었다. 5명의 직원들과 수차례 토론하면서 탈출구를 모색했다.

"사장님, 삼성전자만 바라볼 수는 없습니다. 다른 곳과 거래해야 합니다."

직원들의 이야기를 듣고 나는 깊은 고민에 빠졌다. 살아남는 것보다 더 중요한 과제는 없었다.

중견기업이나 중소기업을 상대로 판매하는 오픈 마켓을 돌파구로 삼아보기로 했다. 오픈 마켓 진출은 직원들의 아이디어였다. 그 의견을 받아들여 구로 전자부품상가를 중심으로 새로운 시장을 개척하기로 했다. 구로 전자부품 상가는 '백화점' 같은 방식으로 운영되는 곳이었고, 거래가 성사되기까지 6개

월 걸렸다. 이 방식을 통해 창업 초반 위기를 극복해 3년간 겨우 버
텨냈다.

15.

나는 '대기업 온실'에서
피워진 꽃이었나

죽을힘을 다해 헤엄쳤다

매 순간 최선을 다해왔고, 최선을 다하면 안 될 것이 없다고 자부했던 나의 삶이 실은 대기업이라는 온실에서 꽃피워진 하나의 결실이었음을 창업의 시련 과정에서 깨닫게 됐다.

창업 직후 나는 죽느냐 사느냐 하는 기로에 처해 있었다. 극단적인 선택을 하고자 하는 순간들도 있었다.

극한 상황에 내몰렸던 경험을 나는 어린 시절에 이미 겪었다. 초등학생 시절이었다. 고향 어룡도의 서쪽 해안에는 물개바위라고 부르는 암초가 있다. 이 물개바위는 가파른 해식애(海蝕崖) 벼랑 아래편 해안에서 30m 떨어진 바다 수면 위로 솟

> 창업 직후 나는 죽느냐 사느냐 하는 기로에 처해 있었다. 극단적인 선택을 하고자 하는 순간들도 있었다

아오른 봉우리다.

초등학교에 갓 입학한 나는 어떻게 된 일인지, 형들과 어울려 물개바위까지 왕복하는 수영시합에 끼어들었다. 형들이라고 해봤자 같은 초등학생이니까 안전에 대한 의식이 생기기 전이었다. 그렇게 형들의 놀이에 끼어든 나는 그 시합에서 죽음 직전의 상태에 이르고 말았다.

결론적으로 나는 그 수영시합에서 살아서 돌아오기는 했다. 죽을 힘을 다해서 헤엄을 치다가 죽음과 어울리고 혼이 빠져버렸던 나는 기진맥진한 상태로 뭍으로 올라왔다. 사색이 되어 온몸을 벌벌 떨면서 모래밭에 쪼그리고 앉아서 바닷물을 게워냈다.

'다시는 이런 무모한 짓을 하지 않을 거야.'

눈물과 모래로 범벅을 한, 초등학교 1학년생은 모래밭에서 맹세했다.

기업 경영이란?
——

돌아보면, 오만과 만용은 죽음과 같은 실패의 길로 들어서게 한다. 나는 이 사실을 그때 고향의 물개바위에서 체득했다. 이 체험은 내 인생의 알파요, 오메가이다.

내가 인팩코리아 창업 초기에 정면으로 맞닥뜨렸던 절체절명의 위기도 유년 시절의 체험과 유사하다. 그러나 헤엄 쳐 물개바위에 이르기 위해 바다 속으로 뛰어들었을 때는 준비가 없었지만, 창업할 때는 철저하게 준비했고 충분한 자신감을 갖고 뛰어들었다. 그럼에도 불구하고 나는 그 위기를 피할 수 없었다.

그러한 글로벌 시장 위기를 맞아 극단적인 상황에까지 내몰렸으나, 직원들과 함께 개척함으로써 위기를 넘어설 수 있었다. 위기를 극복할 수 있었던 열쇠는 직원들을 믿고 그들의 의견을 적극적으로 받아들인 것에 있었다.

앞으로 그런 위기가 다시 오지 않으리라는 법은 없다. 혹시라도 다시 맞닥뜨려야 한다면, 그때처럼 '정직하게 최선을 다하는' 도리 밖에는 없겠지만 말이다.

기업 경영이란 곧 인간 경영이다. 함께 하는 사람보다 더 중요한 것은 없다. 경영자 한 사람의 힘으로 뚫을 수 있는 힘엔 한계가 있지만, 구성원 모두가 합심하면 위기 극복은 물론이고 '100년 기업'으로 지속될 수 있다.

그러기 위해서는 구성원 한 사람 한 사람이 주인의식을 가져야한다. 직원들이 방향을 제시할 수 있도록 유도하고 그것이 실행될 수 있도록 뒷받침하는 게 리더의 역할이라고 생각한다. 나의 기업 경영 원칙도 글로벌 금융위기를 겪으면서 더 단단해졌다. 물론 합당한 소득분배도 뒷받침되어야 한다. 한마음이 되게끔, 반 발짝만 앞서가는 지혜가 요구된다. 너무 앞에 서 있으면 아무리 훌륭한 생각

> 기업 경영이란 곧 인간 경영이다. 함께 하는 사람보다 더 중요한 것은 없다

이라도 모두 함께 소화하기가 쉽지 않고, 결국 소화불량에 걸리는
일이 생기게 마련이다.

16.
마케팅으로 살 거냐,
인성으로 살 거냐

드디어 시련을 딛고 서다

물러설 곳이 없었던 막다른 골목에서 내가 선택할 수 있는 것은
하나뿐이었다. 나는 스스로를 믿기로 했다. 즉시 비용 절감을 시행
했고, 대기업을 중심에 둔 판매 전략은 유지하되, 유통(대리점)을 통
한 판매를 확대하는 등 설정한 목표를 수정했다. 전문용어로 '세컨티
어'라고 하는 구로 기계공구상가에 파고들어 거래를 열어가는 6개
월 사이 바닥난 재정을 보충할 수 있는 자본금 증자에 성공했다.

숨이 넘어갈 정도로 절박한 상황에서 겨우 숨 쉴 수 있는 정도
까지 이르게 된 셈이었다. 부품 거래를 시작하기 위해서는 최소한
6개월의 시간이 필요한데, 그때 자본금 증자에 실패했다면 오늘날
의 인팩코리아는 존재할 수 없었을 것이다.

인팩코리아가 창업 초기 겪었던 고난을 말하자면 끝이 없다. 하지만 주변의 적극적인 도움과 우리 모두의 노력 덕분에 인팩코리아 설립 후 5년쯤 지나면서 매출 신장은 물론 대외 신용도와 이미지가 눈에 두드러지게 향상되었다. 대만 본사와 중국 공장도 안정되고 인팩코리아와 거래하는 기업들도 더불어 안정됐다. 이후 지금까지 좋은 성과를 거두고 있다고 간략하게 마무리하고자 한다.

인팩코리아가 이룬 가장 큰 성과는 세계 최고로 꼽히는 삼성전자와 LG전자에 부품을 공급하게 된 점이다. 남들은 이러한 성과에 대해 혹시 어떤 배경이 있었던 게 아닌가 의심한다. 그러한 질문에 대해 내가 말할 수 있는 건 '정직하게 최선을 다한 결과'일 뿐이라는 점이다. 세상은 노력을 배신하지 않는다. 그 사실을 인팩코리아의 성장을 통해서 확인할 수 있다.

인팩코리아 고객사 중 하나인 삼성전자의 경우 연간 수억 대에 달하는 휴대전화와 수천만 대에 달하는 디지털 TV를 생산하고 있다. 만약 여기에 사용되는 부품 중 어느 하나라도 품질에 이상이 발생하면 삼성전자는 신뢰도에 큰 오점을 남기게 된다. 그래서 삼성은 품질관리에 까다롭고 삼성전자에 부품을 공급하는 협력회사는 당연히 최선을 다한다.

삼성전자에 처음 납품을 시도할 때 인팩코리아는 역으로 고객사인 삼성전자에 엄격한 검증을 요청했다. 협력회사 입장에서 하루빨리 삼성전자의 검증을 통과하기 위해 최선을 다하는 일은 지극히 자연스러운 일이다. 이 같은 적극적 품질경영 노력에 힘입어 10년 이상의 세월을 무리 없이 공급 관계를 이어오고 있다. 인팩코리아 직원들은 자신들이 공급한 부품의 토대 위에서 삼성전자 핸드폰과 LCD TV가 세계 1등을 차지하고 있다고 자부한다. 현재 삼성전자 TV는 2004년 세계 최강이었던 소니를 제친 후 세계 1위 자리를 지켜오고 있다.

인팩코리아가 공급하는 수동소자와 RF 안테나는 일반인에게는 다소 생소한 첨단 부품이다. 수동소자는 갈수록 슬림화, 다기능화되어가는 스마트폰의 회로에서 쇼트나 잡음 등이 발생하는 것을 방지해주는 역할을 한다. 현재 국내에는 삼성전자와 LG전자 등에 공급하고 있으며 전기 자동차의 부속품으로도 수요가 발생하고 있으므로 향후 더욱 중요해질 것이다. RF 안테나는 GPS로 신호를 보내는 안테나로 우수한 기술력으로 세계시장 1위를 줄곧 지켜오고 있다. RF 안테나는 전자제품에 삽입하는 칩안테나로 전자기기가 무선화되면서 쓰임새가 더욱 다양해졌다.

이러한 제품들은 미국과 유럽, 일본 등 선진국 기업들이 100년 이상 장악하고 있던 분야다. 소재부터 제조에 이르기까지 정밀함이 요구되며 까다로운 검증 절차를 거쳐야 공급이 가능하기 때문이다. 그런 만큼 인팩테크놀로지에서는 300여 명의 개발 인력이 세계 최고 수준의 정보기술 전자부품을 개발하고 있다.

인팩코리아에서 내 역할은 '영업'이다. 인팩코리아에 적지 않은 자본금을 투자했으니 영업에 전념하지 않을 수 없었다. 영업은 '인생의 축소판'이라고 할 수 있다. 항상 협상하는 일이고 고객 마음을 읽는 일이다. 고객 마음을 읽는 게 무척 중요한 것임을 나는 20대 초반에 만난 세계 최고의 엔지니어들과 지내면서 깊게 체험했다.

고객 말 한마디

—

1981년에 대우조선해양이 시공을 맡은 해양구조물 건조 프로젝트팀에 합류한 것이 그 계기였다. 나는 미국 샌프란시스코의 벡텔 본사에서 3개월간 체류하는 동안 비즈니스 세계의 최고 수준 감각을 체득했다. 3개월간의 출장은 40년 이상의 세월이 흐른 지금에도 두고두고 되새기는 경영 수업의 살아있는 교과서다. 마른 스펀지 같았던, 또는 빈 그릇 같았던 나는 그들의 선진 문화를 그대로 흡수하면서 그릇 가득 물을 채웠다. 그 경험 덕분에 나는 구매 담당자나 개발 담당자가 원하는 답을 찾아서 제공하는 능력이 조금 뛰어난 사람으로 성장한 것 같다. 여기에 삼성전자에서 장기간 기획 업무를 담당하는 동안 그러한 마인드를 강화시키고 체질화한 덕분이다.

> **"**
> 그들의 초점은
> 철저하게 고객
> 중심이었다. 고객의
> 말 한마디가 뜻하는
> 바를 '딱' 알아냈다

세간의 말 중에 '마케팅으로 놀 거냐, 인성으로 놀 거냐' 하는 농담이 있다. 나는 이 말을 들으면 20대 초반에 만났던 그 엔지니어들이 떠오른다. 정제된

언어와 냉철한 지성을 보여준 벡텔의 엔지니어들이야말로 소위 '마케팅'으로 노는 사람들이었다. 그들의 초점은 철저하게 고객 중심이었다. 고객의 말 한마디가 뜻하는 바를 '딱' 알아냈다. 프로젝트의 목적은 물론, 그 프로젝트에 참여하는 사람들 각각의 역할과 기대를 분명하게 수치화하고 계량화해서 제시했다. 사안에 대한 기준이 명확하게 정해져 있었다.

비즈니스란 인성을 읽는 것

당시 우리나라 문화는 상부에서 명령이 떨어지면 무조건 그 지시 사항에 맞추는 상명하복, 위계질서에 따라 일이 돌아갔다. 계획을 세워서 앞뒤를 재어보고 합리적으로 검토하는 일은 거의 없었다. '하면 된다'는 의욕을 무엇보다 중시했다. 그런데 벡텔 엔지니어들은 '할 수 있는 것'과 '할 수 없는 것'을 분명하게 짚어냈다. 나는 그들과 함께 일하면서 자연스레 '여기는 사람이 주인이고 주체구나' 하는 인상을 받았다.

만약 단기간에 마쳐야 할 프로젝트가 있다고 하자. 그들은 그 프로젝트가 굉장히 중요한 사안이라면, 기간을 맞추기 위해 인력 수급 문제를 예외적으로 검토하고 반영한다. 빨리 마치기 위해 더 많은 사람을 투입할 것을 고려하고, 실질적으로 얼마나 많은 사람이 투입될지, 이들의 휴식 시간 처리에 따른 인력 수급은 또 어떻게 보완

> 일이란 무리하게 추진하다 보면 작업 기간이 계획보다 늦어지게 마련이다

할지를 사전에 치밀하게 검토한다.

그러면서도 사람의 마음을 읽을 줄 알았다. 과학으로 도저히 알아낼 수 없는 사람의 마음, 계량화할 수 없는 사람의 감성과 인성을 읽어냈다. 수치화할 수 없는 고객의 마음을 짚어내고 있었다.

그들은 '사람'과 '비즈니스'를 구분했다. 계량화할 수 없는 사랑을 바탕으로 계량화할 수밖에 없는 비즈니스를 추진하되, 방식은 우리와 달랐다. 술 한잔하면서 두루뭉술하게 일을 성사시키지 않았다. '좋은 게 좋은 거'라는 화끈한(?) 사고방식도 찾아볼 수 없었다. 이사람, 저 사람…. 사람에 따라서 기준이 왔다 갔다 달라지지도 않았다. 온전히 프로젝트 중심이었다. 어떤 한 사람에 대해서 그 사람이 물리적으로 할 수 있는 일과 할 수 없는 일을 논리적으로 정리했다.

'비즈니스란 인성을 읽는 것이구나.' 목적을 달성할 수 있는 방안을 이루기 위해 당사자들이 내면을 읽고 소통하는 게 바로 비즈니스였던 것이다. 그러므로 같이 협의하는 그 사람들을 모르고서는 해당 논의가 제대로 이뤄질 수 없다.

어느덧 우리나라 문화도 많이 바뀌어서 이제는 일부 건설 현장 같은 곳을 제외하면 사전에 철저하게 검토한 후 일을 실행하는 게 일반화되었다. 높은 의욕만 능사가 아니다. 일이란 무리하게 추진하다 보면 작업 기간이 계획보다 늦어지게 마련이다. 빨리 이루려고 급하게 서두르면, 실제로는 계획대로 일을 마치기 힘들다.

삼성그룹도 1990년대에 이건희 회장이 '신경영' 선언을 하기 전까지는 생산해 내는 데 급급했다. 품질이 좀 떨어지는 제품이나 불량 상태의 세탁기나 전화기를 그냥 시중에서 판매하더라도 큰 문제가 되지 않을 정도였다.

물론 미국 같은 선진국이라고 해서 일 처리가 완벽하다고 할 수는 없다. 그러나 일 처리를 최대한 완벽하게 하기 위해 사전에 예측 가능한 사안들을 충분히 검토하는 과정을 내 눈으로 확인한 게 42년 전이었으니, 우리나라가 선진국보다 40~50년 뒤처져 있었던 것은 분명하다.

17.
직장 생존술 5가지 팁

월급쟁이들의 소원 중 하나

거북선 같은 전투용 배를 만들고 싶어하던 섬 소년인 내가 좁쌀보다도 더 작은 전자부품 회사를 창업하기로 했다. 나에게도 월급쟁이들의 소원 중 하나인 창업의 기회가 찾아온 것이었다. 나는 기회가 주어지면 꼭 제조업을 해 보겠다는 생각을 품고 있었지만 대형 투자가 수반되는 창업을 할 단계는 아니었다.

마침 다행히 합작 투자 형태의 판매법인을 설립하는 데 함께하자는 제안을 지인으로부터 전해들은 후 쉽게 결정할 수 있었고, 인팩코리아는 이렇게 탄생하게 되었다.

나처럼 직장 생활을 하다가 창업하는 사례들도 있지만, 요즘 청년들은 대학 재학 중 창업을 준비하여 졸업한 후 곧바로 창업하기도 하고, 협동조합 형식으로 창업하기도 하는 것 같다. 나는 이러한 현상을 굉장히 좋은 일이라고 생각하며 이런 젊은이들이 더 많이 나와야 된다고 강력하게 주장한다.

대학은 최고의 학문을 하는 곳이고 인류 사회에 공헌하기 위해 존재하는 곳인데, 우리나라의 대학 교육 현실에서는 그렇지 못하다. 좋은 직장에 들어가기 위해, 아니면 전문직을 갖기 위해서 그냥 통과하는 '큰 문'처럼 되어버렸다. 최고의 학문을 배우고 새로운 걸 만들어내 사람들 삶에 도움을 주어야 되는데 아직 우리 사회에서 대학은 취업의 관문 정도로만 인식되는 실정이다. 대학이 단순히 직장을 구하기 위한 통로에 불과하다면, 그러한 대학의 존재가 과연 무슨 의미가 있을까 싶다.

"왜요?" "제가요?" "이걸요?"

———

어쨌든 어려운 취직의 관문을 뚫는데 성공한 청년들에게 직장생활에 잘 적응할 수 있는 방법 5가지를 소개하고자 한다.

첫째, 선배들이 했던 업무를 파악하고 회사의 히스토리를 열심히 공부하라. 선배들이 해놓은 서류들을 보면서 공부하고, 만약에 모르는 것이 있으면 그분에게 물어보라. 이러한 히스토리만 제대로 공부하더라도 소위 50%는 '먹고' 들어간다. 일하면서 참고할 수 있을 뿐만 아니라 회사 적응을 빨리 잘하는 데 필요한 가장 중요한 비

상사의 업무 협조 요청에
대해 적극적이고 긍정적으로
대응해라. 요즘 MZ세대
사이에서 유행하는 "왜요?"
"제가요?" "이걸요?" 이
'3요' 질문을 하기 전에 먼저
긍정적으로 받아들이면

결이기도 하다.

둘째, 상사의 업무 협조 요청에 대해 적극적이고 긍정적으로 대응해라. 요즘 MZ세대 사이에서 유행하는 "왜요?" "제가요?" "이걸요?" 이 '3요' 질문을 하기 전에 먼저 긍정적으로 받아들이면 업무 관계가 훨씬 더 매끄러워진다.

"이걸 내가 왜 해야 하나요?"

물론 이런 대답으로 상사에게 대응할 수도 있다. 하지만 상사 입장에서는 일을 편하게 배분하지 못하고, 자꾸 거리감을 느끼게 될 수 있고, 이런 식의 대화가 반복되면 서로 함께 일하는 게 어려워진다.

셋째, 한 분야에 집중하라. 처음에는 여러 가지를 잡다하게 알려고 하기보다는 한 우물 파는 심정으로 그 분야에 집중한다. 땅을 한 군데 깊이 파내려 가면 그 주변 흙이 저절로 허물어지고 구덩이의 폭이 넓어지는 것과 같은 이치다. 즉 한 분야를 깊이 파다 보면 자연스럽게 앎이 넓어진다는 뜻이다.

땅을 한 군데 깊이
파내려가면 그
주변 흙이 저절로
허물어지고 구덩이의
폭이 넓어지는 것과
같은 이치다

넷째, 3년은 그 분야에서 그냥 열심히 일해라. 보통 신입사원들은 직장에서 처음 한 달 보내기가 어렵고 그다음은 3개월 지내기가 제일 어렵다고 한다.

"제 적성하고 안 맞는 거 같아요."

이렇게 말하면서 그만두는 사람들이 슬슬 생긴

다. 그다음엔 6개월째에 고비를 겪고, 1년째 되면 또 장애를 체험한다. 그러나 이렇게 1년 견딘 사람은 3년을 갈 수 있고, 3년 견딘 사람은 10년을 갈 수 있다고 통상 이야기한다.

이렇게 1년 견딘 사람은 3년을 갈 수 있고, 3년 견딘 사람은 10년을 갈 수 있다

왜? 3년간은 그냥 열심히 일해야 된다고 하느냐면 한 1,000일간 그 분야를 겪으면 '이 일이 이런 거였구나' 하면서 배우는 게 쌓이기 때문이다. 그러니까 아주 짧은 시간 동안 직장에서 경험한 걸 가지고 자신과 안 맞는다고 속단하면 안 된다는 뜻이다.

다섯째, 주위의 친구, 동료들과 잘 지내라. 인간적으로 두루두루 친하게 지내면 업무적으로도 도움받을 때가 많다. 무엇보다 인간적으로 먼저 친해져야 일이 그냥 잘 풀린다. 반면 계산적으로 사람을 사귀면 친구 사이가 오래가지 못하고 깊이도 얕다. 만약 보기 싫은 상사가 있다면, 본인이 감수할 수밖에 없다.

"아니, 왜, 이 따위밖에 못 하니?"

"너는 왜 그렇게 머리가 나빠!"

요즘은 직장 내 '갑질' 문제가 불거질 수 있기 때문에 이렇게 대놓고 이야기하는 사람은 없겠지만, 설혹 이런 상사를 만난다거나 '왕따'시키는 동료를 가까이 해야 한다면, 같이 어울리며 소주도 한잔하고 차도 마시면서 친하게 지내도록 애쓰는 게 좋다. 그렇지 않으면 불이익을 감수하여 그런 상사를 반면교사로 삼아 '나는 승진하면 후배들한테 저렇게 하면 안 되겠다'라고 생각해 긍정적으로 승화하는 방법도 있다. 그러나 보기 싫다고 피하다 보면 그

사람은 불시에 계속 나타나게 되어 있으므로 자신만 괴롭다. 그러므로 나름대로 노하우를 만들어서 극복하면 좋은 시절이 오고야 만다.

창업 꿈꾸는 젊은이들에게

　—

젊은이들의 창업 붐에 대해서도 잠깐 이야기하고 싶다. 언젠가 한번은 대학 시절부터 창업을 준비하는 젊은이들에게 조언해 달라는 요청을 받았는데, 그 질문은 이렇게 시작되었다.

"요새 인공지능, 챗GPT 등이 화두인데 이런 쪽으로 창업을 준비하면…."

이 질문처럼, 창업을 준비하는 사람이 사회적으로 한창 유행하고 있는 트렌드를 따른다면, 백발백중 실패할 가능성이 크기 때문에 나는 따끔하게 쓴소리부터 꺼냈다.

"유행에 너무 민감한 건 안 좋습니다. 지금 어떤 무엇이 유행한다면 그것은 앞서가는 다른 선진기업들이 벌써 마케팅을 시작했다는 것임을 알아볼 수 있어야 합니다. 물론 그 분야에서 후발주자로 뛰어들어 더 발전시킬 수도 있겠지요. 그러한 일을 할 사람도 우리 사회에는 필요합니다만…."

기왕이면 지금 한창 유행하는 분야에 뛰어들어 더 발전시키는 역할보다는 자신만이 할 수 있

> 지금 어떤 무엇이
> 유행한다면 그것은
> 앞서가는 다른
> 선진기업들이 벌써
> 마케팅을 시작했다는 것

는 일이 무엇인지, 자신이 10년 후, 20년 후, 30년 후 인류 사회에 기여할 수 있는 것이 무엇인지를 파악하고 공부하는 것이 중요하다. 그렇지 않고 유행의 뒤꽁무니를 쫓아 인공지능 쪽으로 우르르 몰려갔다가, 다시 자율주행으로 몰려가고…. 유행을 좇는 삶은 이를테면 조수간만의 차에 따라서 물이 왔다 갔다 하며 사는 꼴과 다르지 않다. 능동적으로 개척해 가며 사는 삶이 아니라 수동적으로 휩쓸려 사는 삶이 된다. 수동적으로 사는 사람은 자신에게 아무리 좋은 기회가 오더라도 변화하지 못하고 그저 밀물과 썰물로만 살아간다.

밀물과 썰물로 사는 것도 만족할 만하지만, 밀물과 썰물을 일으키는 사람이 되는 게 더 괜찮지 않은가. 그것은 곧 자신이 자기 삶의 주인공이 되어 살아가는 문제와 직결된다. 자신이 추구하는 성공을 이룰 수 있는 길이다. 그래야 꿀벌처럼 자기 꿀을 딸 수 있고 생각도 깊어지며, 어떤 무언가를 느끼는 직관력이 높아진다. 남들따라, 유행 따라 사는 사람은 깊은 공부를 하지 않는다. 공부가 깊어져야 자기 우물을 깊이 파내려 갈 수 있는 법이다.

18.

"야! 초등학교를
실업계 나왔어?"

최고급 레스토랑에 초대되다

———

이십대 초반, 청운의 꿈을 안고 미국 샌프란시스코의 벡텔로 출장 가서 3개월간의 약속된 일정을 마무리하던 즈음이었다. 벡텔의 책임자가 우리 팀을 저녁 식사에 초대했다.

"여러분을 1인당 100달러짜리, 샌프란시스코의 가장 비싼 레스토랑의 저녁 식사에 초대합니다. 식사는 내가 대접하는 자리이고 개인적으로 계산할 겁니다. 참! 모두들 정장을 입고 와야 합니다."

1981년 기준으로 100달러라면 엄청 큰 액수였다. 촌놈이 한껏 멋을 부린 정장 차림으로 약속장소로 나갔다. 정장 차림만 입장할 수 있는 레스토랑이었다.

그때까지 나는 불고기나 먹었지, 돈가스 한 번 제대로 썰어본 적이 없었다. 서양 레스토랑의 음식문화를 알 리 없었던 나는 서양 정찬은 코스 요리라는 것도 몰랐다. 잔뜩 긴장을 하고 앉아 있는데 음식이 나오기 시작했다. 에피타이저가 막 서빙되는데 양이 좀 많았다. 나오는 대로 다 먹었더니 배가 불렀다. 2시간 동안 식사가 이어지는데 나는 너무 배가 불러서 메인 디쉬와 디저트를 먹지 못했다. 그 사람들은 그런 우리가 얼마나 우스웠을까 하는 생각은 한참 뒤에나 들었다.

2시간 동안 식사가 이어지는데 나는 너무 배가 불러서 메인 디쉬와 디저트를 먹지 못했다

나를 부끄럽게 한 그 경험은 '서양에는 테이블 매너가 있다'는 것을 알게 해주었다. 이후 한국에 돌아온 나는 '칼질' 연습을 하기 위해 돈가스 같은 음식을 일부러 찾아 먹기도 하면서 나이프와 칼질에 익숙해졌다. 물론 스테이크를 아주 제법 잘 썰게 되었다.

미국에서 이러한 경험은 삼성의 일본 주재원으로 근무하며 적응할 때 큰 도움이 되었다. 한국에서 하던 대로 식사하지 않고 눈치껏 조금 띄엄띄엄 먹으면서 일본 식사 문화를 배워갔다. 일본에는 '가이세키 요리(會席料理)'라는 연회용 요리가 있다. 작은 그릇에 조금씩 담아 순차적으로 나오는 코스 요리다. 그때도 보면 한국에서 출장 온 분들은 예전 미국에서 내가 그랬던 것처럼 그냥 막 나오는 대로 먹기 일쑤였다. 그분들이 메인 디쉬를 놓치지 않도록, 나는 조금 조심스럽게 귀띔해 주었다.

나는 '칼질' 연습을 하기 위해 돈가스 같은 음식을 일부러 찾아 먹기도 하면서 나이프와 칼질에 익숙해졌다

"천천히 드세요."

음식 얘기가 나왔으니 '직장 생활의 꽃'이라고 불리는 회식 이야기를 빠뜨릴 수 없다. 근무하던 과에서 선임 역할의 주무 사원으로 일할 때다. 회식은 조직의 단결력을 키우고 서로 간에 서운했던 마음을 풀어주는 윤활제 같은 역할을 한다. 1차로 끝나는 경우는 드물다. 2차 3차 횟수를 거듭하며 끝없이 가다가 새벽까지 이어지는 때도 있었다. 아마 내가 주임 사원으로 승진한 후 가진 첫 번째 회식이었을 텐데, 회식 다음날 지각을 했다.

"일을 잘하라고 회식시켜 주었는데, 지각하고 자빠졌네."

지각한 후배와 함께 호된 꾸지람을 들었다. 시말서도 썼다. 내가 원래 야행성 기질도 있어서 지각을 좀 많이 하는 편이다.

촌놈 출신이 꾸역꾸역 우겼다

―

부산에서 서울로 올라와 삼성 본관에서 근무할 때는 사투리 때문에 고생을 좀 했던 기억이 난다. 손으로 보고서를 작성하던 시절, 열심히 작성해서 제출했더니 과장의 호출이 즉각 이어졌다. 부리나케 달려갔다.

"야! 표준어 써!! 사투리 쓰지 말고."

"이거 표준어입니다."

확인해보겠습니다, 이렇게 응대하면 좋았을 텐데, 나는 표준어를 썼다고 꾸역꾸역 우겼다. 그러니 서울 출신 과장은 얼마나 화가 났을까. 국어사전을 펼쳐서 확인시켜 주었다.

나도 승진하여 후배들의 보고서를 보니 틀린 글자가 눈에 쏙 들어왔다. 내가 쓴 보고서에 있는 오타는 죽어도 안 보이는데, 남이 쓴 오타는 잘 보인다. 그렇지만 평균적으로 내가 보고서를 쓸 때 많이 틀리긴 했다. 그래서 이런 소리를 많이 들었다.

"야! 초등학교 실업계를 나왔어~?"

"

나도 승진하여 후배들의 보고서를 보니 틀린 글자가 눈에 쏙 들어왔다. 내가 쓴 보고서에 있는 오타는 죽어도 안 보이는데, 남이 쓴 오타는 잘 보인다

이러했던 내가 일본 주재원으로 근무할 때는 '오사카 사투리' 때문에 난처해진 적도 있었다. 오사카는 사투리를 심하게 쓰는 지역이고, 특히 나 같은 일본어 초급 수준의 외국인이라면 십중팔구 공손한 표현을 도저히 못 알아듣는다.

서울 본사에서 임원이 출장을 와서 거래처에 방문하기로 되어 있었다. 나는 오사카 공항에서 임원을 모시고 거래처로 이동했다. 웬걸. 거래처에 도착했더니 영업부장이 안 보였다. 실무 담당자가 말하길, 영업부장이 본사 임원을 영접하러 우리 사무실로 갔다는 거였다. 거래처에서 공손한 표현을 써서 "우리가 모시러 가겠습니다"라고 한 말을 나는 "우리 회사로 모시고 와주시길 바랍니다"라는 뜻으로 이해해서 생긴 사태였다. 나는 솔직하게 말했다.

"말을 못 알아 들어서 미안합니다."

실수하는 걸 아주 창피하게 여기는 성격에다 완벽주의자 기질인 나는 이런 실수를 반복하지 않기 위해서 그 다음부터는 팩스로 내

용을 주고받았다. 가능한 한 문서를 교환하며 일을 처리하니까 의사소통에서 오는 오해를 줄일 수 있었다.

미국 직장 문화 vs. 일본 직장 문화
—

꼭 언급하고 싶은 미국 문화가 있다. 우리가 미국 영화에서 보면 회사에서 회의할 때, 부하가 상사 책상에 걸쳐 앉아서 친구처럼 대화하는 장면이 나오는데 현지에서는 그렇지 않다는 점이다. 위계질서가 철저해서 부하는 상사에게 정중하고 깍듯하고 예의바르게 대응한다. 상사가 부하에게 잘못한 일을 지적할 때도 우리처럼 고함을 치거나 책상을 내리치거나 하지 않는다. 그냥 조용히 말한다.

"해고야!"

이 한마디면 끝이니까 괜히 에너지 낭비하면서 고함칠 이유가 없다. 통보하기 무섭게 보안 담당 직원이 들어와서 방금 전 해고된 직원을 데리고 나간다. 미국의 실제 문화는 안 들어오고 영화 속 허구가 우리나라로 잘못 들어왔다. 어떻게 보면 미국의 저급 문화만 들어왔다고 할 수도 있겠다.

반면 일본 같은 경우는 종신고용제니까 상사가 직원에게 "이 바보 같은 놈!"이라고 막말하며 꾸짖는 일도 있다. "얌마! 확실히 해" 이런 식으로 말해도 문제가 안 되는 분위기다.

돌아보면 나도 설화(?)를 많이 겪은 편이다. 내

가 저질렀던 실수의 가장 많은 부분을 '말'이 차지할 정도다. "너는 왜 그래?"라고 농담 투로 이야기했는데 상대는 기분 나쁘게 받아들이고 화를 내서 관계가 썰렁해진 적이 많았다. 젊은 시절에는 그런 점 때문에 상대방에게 주의받는 일도 있었다. 조심하는 수밖에 없다. 갈수록 말수를 줄이게 된다.

일본 같은 경우는 종신고용제니까 상사가 직원에게 "이 바보 같은 놈!"라고 막말하며 꾸짖는 일도 있다

19.

돈을 좇지 말고
일을 좇아라

'미래 리더로서의 삶의 자세' 5가지

경영자의 중요한 역할이 주주의 이익 극대화라고 한다. 당연한 말이지만 내가 생각하는 경영자의 가장 중요한 역할은 지속 가능한 경영체계를 구축하는 일과 기업 구성원의 만족스러운 삶의 터전을 만들어 주는 것이다. 기업과 종사원이 존재하지 않는다면 주주에게 이익이 돌아갈 수 있을까.

경영자라면 경영체제의 지속 경영이 그리 쉬운 일이 아님을 잘 알 것이다. 그래서 구성원 한 사람 한 사람이 주인의식을 가지고 기업이 추구하는 미래를 향해 일사불란하게 협력하는 마음이 필요하다. 리더인 경영자는 그러한 구성원의 의견을 청취하면서 그들의 단합과 열정을 뒷받침해 주는 역할을 하는 사람인 것이다. 기업과 종사원이 존재하지 않는다면 주주도 이익도 존재할 수 없기 때문이다.

기업은 제품을 생산해 필요한 사람들에게 상품으로 공급하는 조직이다. 그러므로 지속 경영이란 무엇보다 고객에게 도움이 되는 제품을 개발하는 일이다. 동종의 경쟁사를 추격하거나 추월하는 문제는 그다음이다. 그보다는 경쟁사와 협력해 자기 기업이 생산하는 제품의 품질을 고양하려 힘쓰는 게 바람직한 경우가 많다. 모든 회사는 각기 고유한 장점이 있기에, 순위를 정하기 이전에, 공존할 수 있는 산업 생태계가 더 바람직한 시장 환경을 조성한다는 말이다. 삼성전자와 LG전자가 세계 1~2위에서 경쟁하는 것, 그리고 현대·기아자동차가 홀로 세계 3~4위권에서 고군분투하는 현실을 생각해보면 이 말을 쉽게 이해할 수 있을 듯하다.

진정 원하는 삶을 살기

내가 고려대학교 경영대생 450명을 대상으로 특강을 진행했을 때도 이러한 점을 강조했다. 당시 나는 차세대 경영자들에게 '미래 리더로서의 삶의 자세'를 5가지로 요약하여 강의했다.

첫째, '내'가 진정으로 원하는 삶을 살 것. 즉 인생에서 가장 소중한 것을 잊지 말고, 어떻게 살아야 하는가를 생각하면서 항상 자신의 삶을 성찰해야 한다. 책과 신문을 많이 읽고 견문을 넓히되

> 내가 진정으로 원하는 삶을 살 것. 즉 인생에서 가장 소중한 것을 잊지 말고, 어떻게 살아야 하는가를 생각하면서 항상 자신을 삶을…

인생의 다리인
'대인관계'를 많이
구축하라. 인간은
혼자서는 삶을
영위할 수 없다

토론을 많이 해서 목적의식 없이 취업(출세)과 안정만 추구하며 관습과 여론에 떠밀려가는 삶을 지양하자. 세상을 바꾸고 많은 이들에게 도움이 되어 사람들의 가슴 속에 이름을 남기고자 하는 태도가 중요하다.

둘째, 인생의 다리인 '대인관계'를 많이 구축하라. 인간은 혼자서는 삶을 영위할 수 없다는 것은 삼척동자도 아는 사실이고, 청년들은 자기 주변에 있는 많은 사람들을 인적 네트워크로 발전시킬 수 있는 잠재력이 있다. 그러나 사람 네트워크 구축은 시간이 많이 걸리기 때문에 자동판매기나 인터넷 검색처럼, 단시간 내에 자신이 원하는 결과물을 얻을 수는 없다. 특히 지식 근로자는 팀워크가 생각보다 훨씬 더 중요하다는 사실을 이해하고, 사람을 진심으로 사귀는 데 투자하라.

셋째, 돈으로 자신의 가치를 정하지 말자. 즉 돈을 좇지 말고 일을 좇아라! 세상에 공짜는 햇볕이나 공기 같은 자연이 주는 것들 외에는 없으며, 고위 직급과 고액 연봉에는 그만큼의 무거운 책임과 막중한 역할이 뒤따르기 마련이다. 인간은 선하고 약한 동물이기에 진심으로 성실하게 최선을 다한다면 끝내 통(通)하게 된다. 어디서나 첫인상이 중요함을 반드시 기억하고, 소속 집단의 역사를 이해하여 예절을 지킨다면 또 다른 기회는 덤으로 찾아올 것이다.

세상에 공짜는 햇볕이나
공기 같은 자연이 주는 것들
외에는 없으며, 고위 직급과
고액 연봉에는 그만큼의
무거운 책임과 막중한
역할이 뒤따르기 마련

넷째, 인내심을 갖고 꾸준히 실천하자. 정상에 오르고자 시도하는 사람은 무수히 많지만 정작 정상에 오른 사람은 소수에 불과하다는 사실을 명심하면, 인내심을 키울 수 있다. 또한 자신이 선택한 길을 운명으로 받아들이고 선택에 대한 굳은 믿음을 갖고 최소한 3년간 꾸준히 실천한 후 자신의 적성에 맞는 일인지를 판단하라.

다섯째, 격(格)을 갖춘 리더가 되자. 국어사전에서 격이란 주위 환경이나 형편에 자연스럽게 어울리는 분수나 품위를 말하는데, 좀 더 쉽게 풀이하면 우리의 사고와 행동을 재는 기준이라고 할 수 있다. 격은 한 사람의 생각, 행동 양식, 인격과 밀접한 관계를 맺는다. 생각이 병들고 행동 양식이 부족하고 인격이 무너진 사람의 품격이 높을 수 있을까? 공자도 "사람이 사는 이치는 정직이다(人之生也直)"고 말했다. 격을 갖춘 리더라면 마땅히 책임감, 배려심, 자존감, 주인의식과 공동체 의식이 조화로운 리더십을 펼칠 수밖에 없다.

위대한 사람의 조건

—

현재 내가 경영자로 있는 인팩코리아가 추구하는 정신은 신의창신(信義創新), 이인위본(以人爲本), 주이불비(周而不比)라는 3개의 사자성어가 대변해 준다. 아무리 훌륭한 제품과 뛰어난 마케팅 능력이 있어도 사내든 사외든 인간 간의 신뢰가 뒷받침되지 않는다면 그 역량들이 완전하게 빛날 수는 없으리라는 평소 생각을 표현한 말이다.

나는 매 순간 자신의 가치를 높이며 도전하고 성취하는 삶을 추구하는 사람을 위대한 사람이라 여긴다. 이런 사람은 변화를 두려워하지 않는 용기와 변화의 불편함을 감수하는 인내심을 가지게 마련이다. 기업의 경영자에게는 특히 이러한 삶의 태도가 요구된다.

나는 우리나라가 집중해야 할 산업 분야가 정밀과 집중이 필요한 전자산업이나 바이오산업이라 생각한다. 일부 대기업이 관련 사업을 활발히 진행하고 있지만, 소재나 부품 등 기초기술 분야는 여전히 부족하다. 이런 분야는 특히 시간과 인내가 필요하다. 나는 미래를 위한 경영자의 투자, 그리고 젊은 기업인과 연구자들의 인내와 근면, 협동정신이 함께 '투자'되어야 한다고 생각한다.

\#
소년의
시간

20.
거북선보다 더 위대한
군함을 만들겠다

나를 떠받들던 기둥 두 개

땅끝마을 해남에 있는 달마산은 남쪽의 금강산이라 불리는 명산이다. 그 산에서 떠오른 해가 어룡도를 비춘다. 나는 그 햇빛 아래서 태어나 그 햇볕을 쬐며 자라났으며 그 해가 떠오르는 고장으로 옮겨가 소년기를 보냈다. 일찍이 부산으로 진출한 맏형은 나머지 동생들, 즉 3명의 남동생과 2명의 여동생을 섬에서 불러냈다. 세 번째 남동생인 나를 비롯해 초등학교를 졸업한 우리 동생들은 별 어려움 없이 부산으로 옮겨왔다.

부산으로 터전을 옮긴 후 마음은 텅 비어가고, 미래에 대한 막연한 두려움을 갖기 시작하던 즈음, 할아버지가 돌아가셨다. 얼마 지나지 않아 아버지도 세상을 하직하셨다. 나를 떠받들던 기둥 두 개가 사라진 셈이었다. 초등학교 저학년 때 내 가슴에 손수건을 매달아주셨고 손수 깎은 연필을 필통에 담아주시는 등 자상하기 그지없던 아버지셨다. 아버지를 따라나선 목포 여행 도중 극장에서 영화를 보다가 울음을 터뜨렸던 내 손을 잡아주신 부친의 손은 두텁고 따뜻했다.

나는 할아버지와 아버지를 대신할 선생님 한 분을 만났다. 중학교 3학년 때 담임선생님이다. 국어 과목을 담당하던 선생님께선 엄하시면서도 자상하신 분으로 모든 제자에게 신념과 야망을 심어주고자 애쓰셨다. 제자들에게 시를 읽으라 권하셨고, 꿈과 포부를 가지라는 말씀을 자주 하셨다.

그 시절 나는 책을 읽으면서도 줄곧 고향 바다를 생각했고 울돌목과 명량해전을 생각했다. 그래서 이순신 장군 같은 군인의 인생을 꿈꾸기도 했다. 당시 나 같은 또래들은 이순신 장군이나 김유신 장군, 또는 안중근 의사, 윤봉길 의사 같은 영웅처럼 되기를 동경했고 꿈꾸었다. 그러니 내 꿈은 특별한 축에 들지 않았고 그저 평범한 것이었다.

하지만 나는 내 꿈을 수정하기로 했다. 내가 기술이나 공업 과목을 좋아했고, 기계를 만지고 기계의 원리를 배우는 수업 시간을 좋아했기 때문이다. 군인이 되는 것보다는 거북선과 같은 훌륭한 전투용 배를 만드는 기술자가 되는 편이 내 적성에 맞다고 판단했다. 그러한 생각은 자신의 꿈을 향해 달려가는 투지와 근면성을 길러야 한다는 담임선생님의 말씀에 부합했다. 나는 선생님의 가르침에 적절하게 부응한 착한 제자가 틀림없다.

　중학생 시절 나는 학교를 함께 오가는 친구(이미 고인이 되었다)와 가깝게 지냈다. 그 친구는 경북 경주 사람이었고, 부모님이 미곡상을 했으며, 성년이 된 다음에는 이런저런 개인사업을 했다.

　"꿈을 이루기 위해서는 꿈을 향해 달려가는 투지와 근면성을 길러야 한다."

　여느 때와 다름없는 중학교 3학년 수업 시간이었는데, 담임선생님의 말씀이 갑자기 가슴에 내리꽂혔다. 집으로 돌아온 후에도 선생님의 말씀이 머릿속을 떠나지 않았다. 여름 방학 내내 나는 내 마음을 숙제처럼 탐구했다.

　나의 꿈은 과연 무엇인가? 내가 하고 싶은 일은 무엇인가? 내가 좋아하는 일은 무엇인가? 내가 잘하는 일은 무엇인가? 질문을 던질수록 나도 몰랐던 나의 마음이 조금씩 보이기 시작했다. 그리고 마침내 내가 기계를 만지고 기계의 원리를 배우는 기술이나 공업 과목을 좋아한다는 것을 발견했다. 나조차도 몰랐던 사실을 알고 나자 온몸에 짜릿한 기쁨이 흘렀다.

　처음으로 꿈을 위한 계획을 세우기 시작했다. 친구들과 다름없는 평범한(?) 군인이 되기보다는 거북선과 같은 훌륭한 전투용 군함(戰船)을 만드는 기술자가 되고 싶다는 생각이 들었다. 한 번 생각이 일어나자 점점 확신이 들었고, 그러자 내가 뭘 해야 할지가 명확하게 보였다.

배 만드는 기술을 배워야 해

"나는 인문계로 갈 이유가
없다." 무슨 소리냐는 듯이
나를 바라보는 친구를 향해
다시 말했다. "나는 이것저것
공부하기보다는 배 만드는
기술을 배워야 해."

중학교 3학년 2학기가 시작된 어느 날, 친구와 함께 학교에서 집으로 돌아오는 길에 고등학교 진학 이야기를 나누다가 내가 친구한테 말했다.

"나는 인문계로 갈 이유가 없다."

무슨 소리냐는 듯이 나를 바라보는 친구를 향해 다시 말했다.

"나는 이것저것 공부하기보다는 배 만드는 기술을 배워야 해."

"배? 무슨 배?"

나는 금방 대답하지 못했다. 평생 육지에서 살아온 친구가 나의 꿈을 이해할 리 없다고 생각했다. 그러나 지금 말하지 않으면 그 꿈이 홀연히 날아가 버릴지도 모른다고 위태롭게 생각했다. 나 자신도 그런 꿈을 온전히 붙잡아둘 만큼 단호하지 못한 상태였기 때문이다. 차분한 목소리로 친구에게 설명했다.

"나는 장래의 꿈이 있다. 그 꿈은 거북선처럼 전쟁에서 절대 지지 않는 군함을 만드는 일이야. 그러자면 지금부터 배를 만드는 기술을 배워야지 이것저것 다 공부할 필요가 없다고 생각한다."

친구는 아무 대답이 없었다. 아직 여물지도 않은 속내를 드러낸 것이 부끄러워 얼굴이 화끈거렸다. 내가 보기에도 터무니없는 꿈같았고, 그런 속내를 가감 없이 드러낸 것이 부끄럽게 여겨졌다. 당황한 표정을 들킬까, 교모의 챙을 당겨서 눈을 가린 채 서둘러 걸어가는 내 등 뒤에서 친구가 말했다.

"나는 네가 그런 생각을 하는 줄 몰랐다."

내 말이 장난이나 빈말이 아니라 어떤 근거를 가지고 있다고 느낀 모양이었다. 줄곧 내륙에서 살아온 친구가 나의 꿈을 이해할 리 없다고 멋대로 짐작한 것은 나의 섣부른 오해였다. 친구 역시 부산에서 지내고 있었으니까 내 말을 망상이라고 받아들이지 않았던 것이다.

우리는 말없이 1시간을 걸었다

1970년대의 부산은 목재와 섬유, 고무 산업이 번성한 대단한 공업도시였다. 원양어업의 본산으로 한국 경제의 또 다른 중심지였으며 새로운 정보와 문물이 물밀 듯 몰려드는 우리나라 최고의 입출구였다. 한편으로는 월남전 참전 용사들이 출발하고 귀국하는 곳이기도 했다. 나와 친구들은 그러한 환경 탓에 다른 지역에서 청소년기를 보낸 사람들에 비해 일찍 세상의 변화에 눈을 떴고, 몸으로 익히고 있었다.

그러한 새로운 문화와 역동성은 나와 친구들을 보다 큰 포부를 가질 수 있도록 단련시켰으며, 성인이 된 뒤에도 신문명과 글로벌 시장에서 살아남을 수 있는 사람으로 성장시켰다. 우리는 부산이라는 실로 활기차고 부산한 항구도시에서 새로운 시대의

나도 어느 학교로 갈까 걱정이 많았다. 근데 지금 네 말을 들어보니 나도 내 꿈이 분명해졌다

위험을 감수하고 극복할 수 있는 면역력을 길렀던 셈이다.

친구와 나는 말없이 한 시간 정도를 걸었다. 이윽고 친구가 말했다. 말없는 나를 대신해 나의 꿈을 인정해주고 응원했다.

"나도 어느 학교로 갈까 걱정이 많았다. 근데 지금 네 말을 들어보니 나도 내 꿈이 분명해졌다."

친구는 자신도 인문계 고등학교가 아니라 상업고등학교에 입학 원서를 쓰겠다고 결정했다. 말하지는 않았지만 친구는 자신의 집이 운영하는 미곡상을 더 크고 멋진 회사로 키우고 싶었는지 모르겠다. 여하튼 나는 그날 밤 거북선과 같은 군함을 만들기 위해 공고에 진학하기로 마음을 굳혔다. 그 친구도 부친의 미곡상을 확장하기 위해 상고로 진학하겠다고 결정했다.

태어나서 처음으로, 내 인생의 중요한 선택을 스스로 결정한 그날을 지금도 잊을 수가 없다. 내가 먼저 진심을 토해낸 덕분에 내 꿈을 응원해줄 친구도 생겼다. 그날 나는 그렇게 고향 바다로 돌아가는 장엄한 여정을 시작했다.

이제 와서 생각해보면, 나는 거북선보다 더 위대한 군함을 만들고 싶었으나 그런 군함을 만들지는 못했다. 하지만 나는 공고 출신으로 세계 유수의 전자 회사 직원으로 살아온 나의 삶을 긍정한다. 섬마을 소년의 열정과 헌신이 세계 최고의 각종 선박을 만드는 조선소, 세계 최고의 반도체와 전자제품을 생산하는 기업을 이룩하는 원동력으로 쓰일 수 있었다는 자부심이 내 삶 저변에서 도도하게 흐르고 있기 때문이다.

거북선 같은 군함을 만들겠다는 꿈을 이루기 위해 공고로 진학한 나의 선택은 탁월했다. 그것은 옛것을 익혀서 새로운 것을 익히는 온고지신(溫故知新)의 이치로 들어서는 입구였고, 밀려드는 정보화 시대의 격랑을 헤치며 세계 최고의 조선소와 세계 최고의 전자회사에서 미래 건설에 일조하게 하는 초석이었다. 생각할수록 꿈이 이루어진, 정말 꿈 같은 일이다.

21.
개띠인 내가
어룡도에서 태어난 이유

문제해결 방안을 찾는 비결

초등학교 시절까지 유년기의 나는 땅끝마을 해남 앞바다의 작은 섬 어룡도(魚龍島)에서 살았다. 섬이라는 초자연적인 환경을 내륙 사람들은 전혀 이해하지 못할 수도 있는데, 고정된 환경이라는 게 없기 때문이다. 『주역』이 말하는 변화의 중요성, '궁즉변 변즉통 통즉구(窮則變 變則通 通則久)'의 이치가 섬에 사는 사람들에겐 일상이다. 그러니 굳이 경전을 들여다볼 이유가 어디에 있을까.

> 항상 밀물과 썰물이 교차하고, 바다였던 곳이 모래사장으로 바뀌고, 배가 왔다 갔다 하고, 새들도 왔다 갔다 하고, 태풍도 왔다 갔다 하고…

항상 밀물과 썰물이 교차하고, 바다였던 곳이 모래사장으로 바뀌고, 배가 왔다 갔다 하고, 새들도 왔다 갔다 하고, 태풍도 왔다 갔다 하고…

오고 가지 않는 것이 거의 없는 그런 장소에서 한결같이 살아가는 사람들은 초자연적인 변화에 저절로 익숙해진다. 배를 타고 가는 중에 배가 뒤집힐 수도 있고, 바위나 절벽 위에서 놀다가 발을 헛디디면 크게 다칠 수도 있는 극한 상황이나 다름없는 환경에서 유년기를 보낸 덕분에 나는 먼저 환경 변화에 능동적으로 대응하고, 어떻게 잘 극복할지를 모색하는 태도가 어렸을 때부터 본능적으로 몸에 밴 것 같다.

극한 환경이라고 할 수 있는 섬 생활 자체를 한탄하거나 짜증을 내기보다는 그대로 받아들인 후 대안을 모색하려 해왔다. 일에서도 그처럼 새로운 부분을 알아내고 적응하며 성취감도 느낄 수 있었기에 다행스럽게도 새로운 세계에 흥미롭게 적응할 수 있었다. 지금도 나는 새로운 도전에 직면할 때 두려움이 없다고 할 수는 없지만, 다른 사람들에 비해 쉽게 적응하는 편이다. 어떤 사안에 대해 개선점을 찾아내 그 문제를 해결하는 실마리 또한 잘 찾아내는 게 당연한 사람처럼 여겨지는 경우도 빈번하다.

'어룡도(魚龍島)'라는 이름은 섬의 규모에 비해 다소 과하게 느껴지기도 하는데, 이 이름이 붙여지게 된 배경엔 재미있는 이야기가 얽혀 있다. 먼 옛날 입에 여의주를 문 큰 물고기 한 마리가 용이 되어 승천하려다가 개에게 꼬리가 잘려 승천하지 못한 채 바다에 떨어져 섬이 되었다고 한다.

> 먼 옛날 입에 여의주를 문 큰 물고기 한 마리가 용이 되어 승천하려다가 개에게 꼬리가 잘려 승천하지 못한 채 바다에 떨어져 섬이 되었다

어렸을 때는 섬에 얽힌 설화를 들으면서도 별다른 생각이 들지 않았다. 그보다는 할아버지께서 강조하셨던 이순신 장군의 명량해전 이야기에 더 관심이 쏠렸기 때문이다. 할아버지와의 추억을 떠올려보면 열 살 무렵 할아버지와 단 둘이서 돛단배를 타고 육지로 놀러 갔던 기억이 가장 선명하다. 목적지는 바다 건너 해남 땅 동현리. 그곳에는 등대에서 근무하는 공무원인 작은아버지 가족이 살고 있었다. 작은아버지 집에는 할아버지께 드릴 담배가 보루째 쌓여 있었고 내가 좋아하는 만화책들도 있었다. 열흘에 한 번 혹은 보름에 한 번 돛단배를 타고 작은아버지 집으로 가서 할아버지는 담배를 봉초 담배로 바꿔서 가져오고, 나는 만화책을 실컷 보는 것이 우리의 여정이었다.

나의 꿈이 탄생한 곳
—

훗날 초등학교를 졸업하고 육지에 있는 중학교에 다니면서도 꿈이 없던 내가 거북선을 만들겠다는 목표를 세우고 공업고등학교에 지원하게 된 것은 아마도 할아버지로부터 귀에 닳도록 들었던 이야기가 무의식에 새겨졌거나, 가슴속에 뜨겁게 남아 있었기 때문일 것이다. 비록 거북선을 만들지는 못했으나 나의 첫 직장이 조선소가 된 것은 분명 섬에서 나고 자라며 할아버지로부터 사설 역사 수업을 들었던 영향 덕분이다. 시간이 더 지난 뒤, 나에게 또 다른 꿈이 생겼을 때도 나는 문득 '어룡도'의 설화를 떠올렸다.

맨손으로 호랑이를 잡기 위해 호랑이굴에 들어간 것이나 다름없는 처지였던 일본 주재원 시절 '소니를 따라 잡겠다'고 결기를 다지던 순간이나 'LCD TV로 세계 1등을 해보겠다'며 전사 차원에서 지원해달라고 건의하던 장면, '더 공부하자, 지금이라도 늦지 않았다. 지금 포기하면 나는 영원히 무식한 월급쟁이로 살다 죽는다'는 굳은 의지로 한국방송대 경영학과에 편입해 졸업하고 다시 고려대학교 경영전문대학원 석사학위를 취득한 일이며, 나만의 사업을 일구기 위해 인팩코리아를 창업하는 등 주요 사건들이 주마등처럼 스쳐지나간다.

어룡도에서 용이 되기 위해 하늘을 향해 승천하려던 물고기의 꼬리를 잡아서 떨어뜨렸다는 개의 이야기가 내 가슴을 두근거리게 했다. 그 개가 혹시 나는 아닐까. 개띠인 내가 어룡도에서 태어난 이유가 혹시 이 설화와 관계된 게 아닐까 하는 과장된 상상에 마음이 부풀어오르곤 했다.

그 얼굴만 보아도 푸근해지면

내가 성장할 때마다 나의 꿈들도 함께 업그레이드되었다. 이제 편안하고 안정된 노후가 기다리고 있을 가능성이 매우 높은 나에게, 나의 삶은 안주하지 말고 새로운 꿈을 향해 나아가라고 채찍질한다.

2020년 나는 내 꿈의 원천이랄 수 있는 고향 어룡도에 해수관음

"
....
2020년 나는 내
꿈의 원천이랄 수
있는 고향 어룡도에
해수관음보살상을
조성했다

보살상을 조성했다. 한 번도 생각하지 않았던 불사를 추진하게 된 것은 고조부님과 고조모님의 산소를 아주 좋은 곳으로 모신 뒤에 아버님께서 물려주신 산과 바다의 쓸모를 고민하던 중 찾아낸 방안이었다.

본래는 조상님께 물려받은 산과 바다지만 큰형님이 나에게 내 이름으로 하라고 했던 터라 자연스럽게 나는 우리 모두가 함께 공유할 수 있는 방안을 고민하게 되었다. 처음에는 부처님 모신 절을 짓는 방법을 고민했지만 사찰 운영이 쉽지 않겠기에 고민하다 스님들께 자문도 구해보며 떠올린 발상이었다. 바다로 둘러싸인 섬이니까 해수관음상을 모시는 게 가장 적합할 것 같았다.

우리가 태어난 지역은 주로 전복 양식을 많이 하는 곳이다. 주민들 대부분이 낮에는 힘들게 일하고 저녁에는 술 한 잔으로 피로를 푸는 무료한 생활을 하게 마련인데, 해수관음 부처님을 모신다면 그 얼굴만 바라보아도 마음이 푸근하게 풀리고 좋은 마음을 갖게 되지 않을까 생각했던 것이다. 다만 호남의 도서지역은 기독교가 강세를 보이는 특성상, 마을 한가운데에 부처님을 모시면 마을 분들이 싫어하시지 않을까 하는 약간의 기우가 있었다. 그런데 단 한 분도 싫어하지 않았고, 해수관음보살상 앞에 가서 기도 올리는 분들도 계신다고 하니 앞으로 더욱더 잘 가꾸려고 한다.

이름은 '당재산 여의암'이라고 지었다. 서울에서 약 480km 떨어진 거리에 있으며, 어룡도행 배를 승선하는 땅끝마을 선착장까지는 승용차로 5시간 걸린다.

22

교만의 대가

게으름에 빠진 후

돌이켜보면 고교 평준화 1세대인 나는 굳이 경남고나 부산고로 진학할 필요가 없었다. 그런 조건은 공업고등학교로 진학하는 데 수월한 길을 열어주었다. 고등학교가 평준화되니 중학교도 따라서 평준화되던 시기였고, 당시 박정희 대통령의 실업자 해소 방안과 공업 입국 정책에 부응하기 위해 진학 담당 교사들도 실업계 진학을 권하는 실정이었다.

더군다나 나는 이제 앞가림을 스스로 챙겨야 할 처지였다. 막내라고 응석 부리면서 형들에게 손을 내밀 수만은 없으니 학비뿐 아니라 나의 장래도 스스로 준비할 필요가 있었다.

"우리나라엔 학자도 필요하지만 기술자가 더 필요하다. 아무 사

"
....
우리나라엔 학자도
필요하지만 기술자가
더 필요하다. 아무
사람이나 아무
기술이나 배우라는
뜻이 아니야

람이나 아무 기술이나 배우라는 뜻이 아니야. 이 반에는 공부 잘하는 학생 중에 어떤 고등학교 갈까 망설이는 아이들이 있지? 그런 학생들한테 하는 말 이다."

기술 선생님의 말씀처럼 당시 우리나라는 조선 과 철강, 그리고 정유산업 등 중화학공업의 싹이 태동해 국가적으로 우수 인력을 요구하던 때였다. 현대조선이나 포 항제철 같은 기업이 발흥하던 시기였고 내가 사는 부산이라는 산업 도시는 그 현장이었다.

공립(국립)공고 입학자들에게는 혜택도 많았다. 입학성적이 우수 한 입학생에게는 장학금 혜택을 주었다. 기숙사를 겸비한 학교가 있었고, 자격증을 취득한 뒤 방위산업체에 취업하면 군 복무 면제 라는 특혜도 있었다.

이순신 장군의 거북선보다 더 우수한 전투용 배를 만들겠다는 청 운의 꿈을 안고, 공고 입시를 치렀다. 다행히도 좋은 입시 성적으로 입학하였다. 장학금, 자격증과 군 복무 면제와 공대 진학의 특전이 나에게 주어졌다. 공부에 전념하지 않았는데도 좋은 성적을 거둘 수 있었던 까닭은 어린 시절 다녔던 어룡도의 서당(書堂)에서 익힌 한문 실력이 바탕이 되지 않았을까 추측해 보았다.

장학금을 받으며 공고에 입학한 나는 2학년 때 기능사 자격증을 취득했다. 모든 것이 너무 순조로웠기 때문일까. 그때부터 나는 게 으름에 빠졌다. 성적도 좋았던 까닭에 슬슬 공부를 등한시하게 되었다. 그 이유는 성적이 우수하거나 자격증이 있으면 공대 진학이 쉽다는 점과 얼마든지 원하는 직장에 들어갈 수 있다는 자만심에 있었다.

너는 거북선을 만들겠다더니
—

잠시나마 장학생으로 고등학교 입시에 성공하고, 고등학교 생활도 순조롭게 흘러가자 나는 잠시 꿈을 망각했던 것 같다. 어린 시절 동네 형들을 쫓아 바닷물에 뛰어들어서 해류에 휩쓸렸다가 기적같이 살아나오면서 가졌던 긴장감을 잊어버렸다. 다시 신발 끈을 묶고 올라가야 할 새로운 봉우리는 보지 못한 채 낮은 봉우리 정상에서 주저앉아 버렸던 것이다.

고등학교 동기생으로 그때부터 지금까지 형제처럼 지내는 부산 친구가 있는데, 그는 부부 교육자이다. 고교 교장 선생님을 역임한 그는 언젠가 농담처럼 이런 말을 했다.

"친구야…. 너는 거북선을 만들겠다고 하더니 전자 부품 회사 사장님이 됐구나."

나도 그의 싱거운 농담에 응수했다.

"나도 자네가 교장 선생님이라는 사실이 믿기지 않는구먼."

교만에 빠져 공부를 소홀히 했던 결과는 너무도 정확했다. 당연히 합격할 줄 알았던 공대 입시에서 실패했다.

"
....
서울대 공과대학
입학에 실패하자
정신이 번쩍 들었다.
서울에 올라갈 생각에
미리 들떠 있었던 나는
며칠 동안 망연자실
넋을 놓고 있다가…

서울대 공과대학 입학에 실패하자 정신이 번쩍 들었다. 서울에 올라갈 생각에 미리 들떠 있었던 나는 며칠 동안 망연자실 넋을 놓고 있다가 쫓기 듯 울산과학대학 기계공학과에 응시하고 시험을 치렀다. 울산과학대는 현대중공업 창업주인 정주영 회장이 설립한 학교로 울산에서는 손꼽히는 대학이다. 다행히 합격했으나 나는 패배감으로 물들었다.

울적해하는 나를 셋째 형이 불러내더니 부산 시내 최고급 양복점에서 내 몸에 꼭 맞는 양복을 맞춰서 선물해주었다. 그 시절 맞춤양복이란 결혼식에나 입을 만큼 비싼 옷이었다. 실패에 괴로워하는 동생을 보듬는 형의 마음에 뭉클했지만 한편으로는 서울로 대학을 가지 못한 부끄러움과 미안함도 커졌다.

대학교 입학식 때 입으라며 형이 맞춰준 양복을 품에 안고, 부산을 떠나 울산 자취방으로 향했다. 홀로 도착한 울산 자취방에 들어가니 비로소 꿈과 현실을 분간할 수 있었다.

색다른 경험의 길

—

그러나 좀처럼 친구와 어울려 놀러 다니는 버릇은 쉽게 고쳐지지 않았다. 자취하느라 번잡하기도 했으나 과대표를 맡은 탓에 공부에 전념하기보다는 수업 외의 일에 열중했다. 강의실에 앉아 있

는 시간보다 학생회 친구들과 어울리는 시간이
더 많았다. 박정희 대통령의 집권 말기였던 당
시엔 집회나 시위가 만연했고 휴강도 적지 않
았지만, 울산이라는 도시는 비교적 정치적으로
안정돼 있었고 다른 도시에 비해 경제적으로
여유로웠다. 그런 까닭에 내 주변에는 격한 투
쟁의 움직임이 없었다.

우리는 공부가 아니라 야외용 전축을 들고 산으로 들로 놀러 다
니는 일이 잦았다. 그 시절은 내 생애 오직 한 번, 아무 걱정 없이
실컷 놀아본 낭만 시절이었다. 생각해보면 대학 입시 실패는 뜻밖
으로 나에게 색다른 경험의 길로 인도했고, 중학교 3학년 때 입시
를 앞두고 구체적으로 설계했던 꿈을 실현할 수 있는 곳으로 나를
이끌어주었다.

대학 졸업 후 나는 현대중공업에 취직하였고, 1급 현역 입영대상
자 판정을 받아 군 복무 대체 산업기능요원으로 선발되었다. 군 복
무 대신 5년간 의무적으로 근무해야 한다는 조건이었다. 이렇게 나
는 거북선보다 뛰어난 전투용 함선을 만들겠다는 어린 시절의 꿈을
실현할 수 있는 곳에 드디어 도착했다. 내가 꿈을 포기하지 않는다
면 삶은 어떻게든 그 꿈을 이룰 수 있도록 해주었다는 점에서 역설
적이다.

23.

유리컵에 벼룩을 넣고
뚜껑을 닫아두면

'창의적 발상법' 강의

유리컵에 벼룩을 넣고 뚜껑을 닫아두면 벼룩은 계속 튀어 오른다. 그러다가 며칠 뒤 그 뚜껑을 치우면 어떻게 될까? 높이 튀어 올라 유리병을 벗어날까? 그렇지 않다. 오랫동안 자신의 한계를 경험한 벼룩은 뚜껑이 사라진 뒤에도 뚜껑이 있던 높이밖에 튀어 오르지 못한다고 한다. 인간도 마찬가지다. 벽에 갇혀 있던 인간도 벼룩처럼 자신의 상상력이나 능력을 포기하게 된다.

이 이야기는 내가 삼성전자에서 과장으로서 삼성그룹 전체 신입사원을 대상으로 한 '창의적 발상법'이라는 6시간짜리 사내 강의를 맡았을 때 수업을 시작하며 들려주었던 예화다.

그와 함께 '터널효과'라는 사례도 들려주었다. 터널 안에 들어가면 터널 안의 환경밖에 보이지 않으니 인간의 두뇌는 터널 안에 적응하는 쪽으로 진화하고 작동한다. 터널 밖에 있는 인간은 터널 안도 보지만 터널을 둘러싼 환경까지 두루 관찰하며 전체를 조감할 수 있다. 어떤 일을 하든지 우리는 터

어떤 일을 하든지 우리는 터널 안에 있어서는 안 되고 터널 밖에서 전체를 조망하는 전지적 시각이 필요하다

널 안에 있어서는 안 되고 터널 밖에서 전체를 조망하는 전지적 시각을 가질 필요가 있다.

나의 강의는 참여도나 호응도가 대단히 좋아 3년이나 이어졌다. 나는 이 강의에 심혈을 기울였다. 이 과목의 목표가 인간의 무한한 잠재력을 일깨워 능력을 개발하자는 데 있었기 때문이다.

아내와의 갈등 요소

나는 기업 경영자로 고려대학교 경영대생 450명을 대상으로 '경영학의 이해'라는 두 시간짜리 특강을 두 차례 한 적이 있다. 학점이 있을 뿐만 아니라 제일 큰 강당에서 이루어진 이 강의에서 나는 경영학의 기원을 말했다.

경영학의 뿌리는 전쟁에서 이루어지는 군수(軍需)에 관한 방법론이다. 이러한 군수 작전 실무가 19세기 말 미국 부두 하역 노동자들의 업무효율 증대를 위한 방안으로 발전했고, 나아가 핵잠수함 건조의 관리기법 등으로 다양한 발전을 거듭했다. 군수란 말 그대로 모든 가용자원을 효과적이고 능률적으로 관리해 군사작전을 지

원하는 활동이다. 이러한 전술의 일종이 오늘날 일반 경영에 활용되고 있는 것이다.

　나는 기업경영에는 실무경험만이 아니라 학교에서 배우는 이론이 얼마나 중요한지를 역설적으로 직장에서 깨달았다. 결혼한 뒤 나와 아내의 갈등 요소들 중 한 가지는 공부에 대한 나의 미련이었다. 신혼 초에는 많이 부딪쳤다. 거제도의 대우조선해양에서 부산에 있는 대한조선공사로 옮긴 저간의 이유가 공부를 더 하고픈 욕심 때문이었다. 그러나 결혼을 한 가장에다 아들이 태어났으니 그런 꿈을 드러내기가 힘들었다.

　부산으로 이사한 뒤 나는 한국방송대 경제학과 3학년에 편입했다. 경영학이 아니라 경제학을 선택한 이유는 좀 더 근원적이고 큰 틀에서 세상을 보자는 뜻이었고 도움을 받기는 했으나 수업 중에 반자본주의적 내용이 빈번하게 등장해 점차 흥미를 잃었다. 이러다가는 나의 자본주의 의식이 이상하게 변질되지 않을까 하는 염려도 있었기에 다음 학기에는 등록하지 않았다. 이러한 전력이 있는 터라 공부에 대한 이야기를 아내에게 꺼내지 못하는 형편에 놓일 수밖에 없었다. 게다가 삼성으로 직장을 옮기고 서울로 이사한 후에는 회사에 충실하고 가장의 역할에 매진하는 동안 공부에 대한 꿈은 점점 드러낼 수가 없게 되었다.

　그로부터 20년이 지나 일본 주재원을 마치고 서울로 귀임한 뒤의 일이다. 회의석에서 주의를 기울여 보니 사업부장은 우리보다 항상 반 발쯤 앞서간다는 느낌이 들었다. 반 발 앞서 가는 발상이야말로 사원들을 쉽게 이해시키면서 곧바로 성과로 연결됐다. 나는 사업부장은 대체 어떻게 저런 능력을 가지게 됐을까 이리저리 살펴보았다.

그래서 그분의 말씀은 학문에 기초를 두고 있다는 사실을 알아차렸다. 임원 회의가 있을 때마다 나는 그분의 조리 있고 냉철한 상황 파악과 실질적 전망을 귀담아들었고, 그 지식이 경영학이라는 학문에 뿌리내리고 있다는 점을 알 수 있었다. 나는 속으로 되뇌었다.

"더 공부하자. 지금이라도 늦지 않았다. 지금 포기하면 나는 영원히 무식한 월급쟁이로 살다 죽는다."

이번에는 경영학과 3학년으로 한국방송대에 편입했다. 다른 동료들은 중어중문과니 원예학과니 취미생활을 위해 한국방송대에 진학하는 경우가 있었지만 나는 오직 직장생활과 미래를 위해 경영학 기초를 차분하게 공부하겠다고 결심했다.

2년 만에 졸업시험을 통과하였다. 아주 버거운 공부였고 그래서 열심히 공부했다고 생각한다. 주관식 문제라면 적당히 적어 내겠으나 한국방송대 경영학과 시험은 대부분 객관식 문제였고 컴퓨터 채점이기 때문에 세밀하게 공부하지 않을 수 없었다. 그렇게 나는 경영학 학사 학위도 취득하였다.

결국 최고 성적으로 졸업

공자가 지천명(知天命)이라고 칭한 쉰 살의 어느 날, 나는 고려대에 굳이 해외 유학을 가지 않고서도 세계적인 교수진을 통해 MBA 과정을 공부할 수 있는 코스가 있다는 정보를 접했다. 그곳은 바로 고려대학교 경영전문대학원이었으며, 고려대 경영대가 세계적 대학의 반열로 올라가기 위해 현장 경영인 중심의 E-MBA 과정을 개설했다는 것이었다.

어떤 사람은 'E-MBA'를 인터넷 과정이 아닌가 추측하지만 E-MBA는 경영인을 대상으로 한 2년제 정규 경영학 석사과정이다. 2002년 고려대학교는 이 과정을 도입하면서 영국 옥스퍼드대학교 등 세계적 대학의 커리큘럼을 벤치마킹했다고 한다.

입학 심사는 무척이나 까다로웠다. 학부 졸업 후 기업 근무 경력 10년 이상을 갖춘 CEO여야 한다는 조건이 있었음에도 경쟁률은 3대 1로 만만치 않았고, 응시자들의 실력이 미흡하면 합격 인원수를 채우지 않을 정도로 엄격했다. 내가 응시한 학기는 2010년이었는데 요행히 합격했다. 그러나 수업은 아주 힘들었고 학사관리 역시 빡빡하기 이를 데 없었다. 세 번 이상 결석하면 졸업할 수 없었고, 강의실은 지정좌석제라 대리출석 같은 꼼수는 꿈에도 부릴 수 없었다.

2년 동안 진행된 수업은 한 과목을 2주에 완료하는 모듈 방식이다. 총 48개 모듈을 끝내는 촘촘한 수업으로 4학기 동안 45학점을 이수해야 MBA 학위를 취득할 수 있었다. 금요일 오후 3시부터

7시까지, 토요일은 종일 8시간 연달아 수업을 들었고 매주 주말은 공부와 과제에 시간을 바쳤다.

대부분 토론식 수업이었고, 많은 리포트를 써야 했다. 처음에는 원서를 보는게 힘들어 잠시 허덕이기도 했으나 주경야독 열심히 공부한 결과 최고 성적으로 졸업할 수 있었다. 나의 장점인 열심히 달려들어 끝장을 보는 기질을 이번에도 발휘한 덕분이었다. 직장생활을 통해 배운 실무경험을 이론적으로 정립하는 알찬 시간이었다.

당시 나는 석사과정 원우회장으로 활동하며 좋은 분들을 많이 만났고 귀한 해외 대학 탐방 시간도 가졌다. 샌프란시스코에 있는 UC 버클리에서 1주일 동안 강의를 듣는 특별한 수업을 받았으며 이전에 내가 꿈처럼 바라보던 스탠퍼드 캠퍼스를 다시 밟아볼 기회도 있었다. 또한 세계 최고의 E-MBA 대학인 홍콩과기대와 이탈리아 밀라노의 보코니대학교에서도 각각 1주일간 경영학에 대해 수강하였다. 비록 짧은 시간이었지만 유익한 공부의 기회였다.

2012년 영국 『파이낸셜 타임스』가 각국 E-MBA를 대상으로 매년 실시하는 평가에서 고려대 E-MBA는 세계 순위 12위에 올랐으며, 2021년까지 11년 연속 국내 대학 가운데 1위를 차지했다. 2002년 개설한 이후 약 1,000명의 E-MBA 졸업생을 배출했으며 2년간 함께 수학한 만큼 결속력과 유대감이 대단해 교우회 행사라면 기꺼이 참여하고, 후배들을 위한 장학금 지원도 아끼지 않는다.

나는 고려대 경영대학 자문위원, 교우회 부회장과 경제인회 부회장, 장학위원으로 봉사하고 있다.

#

가족의
시간

24

영혼의 세수

아무리 기도한다 해도

우리나라는 남북으로 갈라져 있고, 다시 동서로 갈라져 있고, 또 보수와 진보로 나눠져 있고, 종교 간 갈등이 있으며, 계층 간 갈등도 있는 데다 세대 간 갈등도 있으며, 가진 자와 가지지 못한 자 사이의 갈등이 있고, 가족 간 갈등, 그리고 성별 간 갈등까지, 온 나라가 갈라져 있다.

어떤 분들은 기도를 열심히 하고 나서 뒤돌아서자마자 "너는 그렇지 않느냐? 나는 이렇다"고 하면서 따지기도 한다. 분열된 대한민국이 통합되지 않으면, 아무리 기도하더라도 뾰족한 방도가 없다. 불자들이 솔선수범해서 화합하는 문화가

> 화살은 몸에 상처를 내지만 말은 영혼에 상처를 낸다. 나도 과거에 말실수를 해서 혼이 난 적이 많았다

우리나라에서도 무르익도록 만들어졌으면 하는 바람이다.

가수 전영록이 부른 노래 가사 중에 "사랑을 쓰려면 연필로 쓰세요"라는 구절이 있다. 지우기가 쉬우니까 연필로 쓰라는 내용이다. 그런데 글은 종이에 연필로 쓸 수 있지만 '말'이라는 건 종이에 쓸 수 없다. 허공에다가 내뱉는 것이기 때문에 찢을 수가 없고 지울 수도 없다.

화살은 몸에 상처를 내지만 말은 영혼에 상처를 낸다. 나도 과거에 말실수를 해서 혼이 난 적이 많았다. 그 경험을 통해 할 수 있는 지혜가 한 가지 있다. 지울 수 없는 말로 상대에게 상처를 주지 않는 방법은 딱 한 가지뿐이며, 그 방법은 화를 내지 않는 것이다.

아내와 나는 맞선을 본 후 번갯불에 콩 볶아 먹듯이 결혼에 골인하였다. 우리 부부는 성장한 환경이 아주 많이 달랐기 때문에 결혼 초기에는 다투는 일이 더러 있었다. 아내는 무남외동의 늦둥이 딸로 태어나 어릴 때부터 금이야 옥이야 귀하게 자랐지만 4남 2녀 중 넷째였던 나는 상급학교 진학을 준비하던 중학생 때부터 학비와 미래를 스스로 구상할 정도로 독립적이었다. 그러니 우리 부부가 처음부터 화합이 잘 됐다면 거짓말이다.

저 집은 저렇게 하는데, 우리는 왜 안 하느냐?

이렇게 다른 집 가장과 비교하는 말이 아내로부터 들려오면 나도 대립각을 세우면서 대답했고, 말을 심하게 할 때는 '그러면 당신은 그 집에

> 어느 날엔가 깊이 생각해보았더니, 내가 가장 믿는 사람, 가장 가까운 사람이 나를 가장 화나게 만드는 일이 많았다

162

가서 살아라'라고 말할 정도였다. 그러니 감정은 격화되고 시비가
붙을 수밖에 없었다.

왜 화를 냈을까?

———

화를 안 내는 방법을 찾기 위해서 어느 날엔가 깊이 생각해보았더
니, 내가 가장 믿는 사람, 가장 가까운 사람이 나를 가장 화나게 만
드는 일이 많았다. 그래서 다시 또 곰곰이 '저 사람이 왜 저렇게 나한
테 화를 냈을까?' 돌아보았더니, 그 원인이 나에게 있다는 것을 새롭
게 깨닫게 되었다. 내 잘못이 저 사람을 화나게 만들었던 것이다.

일본 사업가들은 회의하다가 싸울 수 있는 일이 생겨도 좀처럼
싸우지 않는다. 우리 같으면 몇 번이나 성질을 버럭 낼 만해도 말이
다. 한번은 나이 지긋한 일본 사업가에게 그 이유를 묻자, '싸우면
장사의 신(神)이 도망가니까 큰소리를 내면 안 된다. 조용히 말해야
한다'는 것이었다. 화를 내면 모든 좋은 것이 다 도망가니까, 좋은
것을 얻기 위해서 화를 내지 않는다는 말을
들은 이후 나는 화를 내지 않는 인내심을 많
이 키울 수 있었다.

내친 김에 '영혼의 세수' 이야기도 잠깐 나
누고자 한다. 사람들이 얼굴 씻는 일은 하루
에 아침저녁으로 한두 번씩 하지만, 영혼의

"

한번은 나이 지긋한 일본
사업가에게 그 이유를 묻자,
'싸우면 장사의 신(神)이
도망가니까 큰소리를 내면
안 된다. 조용히 말해야
한다'는 것이었다

세수는 하루에 몇 번이나 할까? 영혼이 세수하는 이야기를 들어보지 않은 사람들이 대부분이겠지만, 불경을 읽거나 명상을 하는 동안 우리의 영혼은 세수를 한다. 영혼이 정화되고 맑아지므로 '영혼의 세수'라고 이름 붙여보았다.

잡스는 탁자 위로 올라가더니
—

불경을 외우거나 명상을 하려고 앉아 있으면 사실 생각이 사라지는 것이 아니라 오히려 온갖 생각들이 수시로 떠오르는데, 그만큼 잡념이 많다는 뜻이다. 그래도 하는 명상을 하려고 시도하고 불경도 매일 읽는다. 나는 아침마다 최소한 1분 이상 명상을 한다. 아무리 전날 밤에 술을 많이 마셨다고 하더라도 다음 날 아침 일어나자마자 침대에 가부좌를 틀고 앉는다. 봄, 여름, 가을에는 열린 창문 틈으로 새 소리가 들려오고 맑은 공기도 불어온다.

나는 아침 명상을 오래전에 시작했다. 우연히 혼자서 아침에 시작하게 되었고 습관으로 굳어졌다.

애플의 창업자 스티브 잡스(1955~2011)도 명상가로 유명했다. 그는 자신의 집에 있는 방 하나를 깨끗하게 비운 후 그곳에서 매일 참선을 했다고 한다. 잡스가 참선을 접한 건 대학교 신입생 때 선에 관한 책들을 읽으면서 선불교에 심취한 것이 계기가 되었다. 그 뒤로 잡스는 명상을 습관화했다. 그의 선 수행은 훗날 애플 제품들에

철학과 미학으로 반영되었고 기술적 혁신을 일으키는 씨앗으로 작용했다.

스탠퍼드 대학의 특강에 연사로 초대되었을 때, 잡스는 양복 상의와 신발을 벗고 탁자 위로 올라가 선사처럼 가부좌를 틀고 앉아서 학생들과 질의응답하는 시간을 가졌다.

그는 자신의 집에 있는 방 하나를 깨끗하게 비운 후 그곳에서 매일 참선을 했다고 한다

스티브 잡스의 선 수행은 '미니멀리즘'으로 나타났으나, 나의 신행 생활은 경영이나 정책에서 구체적으로 반영되지는 않았다. 나는 가부좌를 틀고 명상하는 것보다는 산을 오르거나 바닷가를 거니는 것을 좋아한다. 특히 깊은 산속에 있는 암자에 걸어서 올라가 법당에서 108배를 하는데, 이 과정에서 아이디어를 정리하는 경우가 많다.

어떤 사람은 나에게 '108배를 하는 동안 아이디어가 떠오르는지'를 묻는 경우도 있었는데, 108배를 하면 육체와 정신이 정화되지 아이디어가 정리되지는 않는다. 오히려 억눌렸던 온갖 생각이 두서없이 마구 튀어나온다. 앞에서 언급한 것처럼, 아이디어는 암자를 향해 걸어 올라가는 동안 정리되면서 구체화하고, 일상에서는 매일 아침 양치를 할 때 정리되는 경우가 많다.

25.

나의 몸은
풀잎 끝의 이슬

마음먹기에 달렸다

나는 힘들 때면 항상 사무실 벽에 걸린 '일체유심조(一切唯心造)' 액자를 합장한 채로 읽는다. '모든 것은 마음먹기에 달렸다'는 뜻으로 대승불교 사상의 핵심 중 하나다. 이 액자는 우리 부부가 결혼할 때 일각 스님이 '반야심경' 병풍과 함께 선물로 주신 것인데, 동고동락한 지 어느덧 벌써 40여 년이 지났다.

나의 불교 법명은 '거침없이 나아가라'라는 뜻의 무애(無碍)다. 불국사 회주였던 성타(1941~2023) 큰스님으로부터 받았다. 나는 승려는 아니지만 재가 불자로서 스님처럼 똑같이 예불문부터 시작해서 발원문, 『반야심경』, 『천수경』, 『금강경』을 독경하고

> 봉정암에서 여정을 풀고 밤중에 법당에 들어가 108배를 시작했다. 그런데 갑자기 돌아가신 증조할머니와 약속이 떠올랐는데…

108배로 마무리하는 아침기도 시간을 3년간 지켰다. 이렇게 하는데 보통 1시간 반에서 2시간 정도 걸린다.

그러다 경전을 필사하는 사경에도 도전해서 직접 사경하기 시작했는데 생각보다 아주 힘든 과정이었다. 종교를 가진 분들 중에는 불경이나 성경을 필사하는 분들이 많은데, 인내심이 대단한 분들이라는 생각을 하게 되었다. 힘들어도 중단하지 않고 계속 불경 필사를 하다보니까 인내심이 강해진 것 같다.

사경을 하던 중 설악산 봉정암에 올랐다. 봉정암은 자주 가는 절 중의 하나로, 일부러 설악산 가파른 산길을 땀 흘리며 걸어서 오를 정도로 애착이 깊다. 그때도 봉정암에 입실해 여정을 풀고 한밤중 법당에 들어가 108배를 시작했다. 그런데 갑자기 돌아가신 증조할머니와의 약속이 떠올랐는데, '고조할아버지와 고조할머니 산소를 잘 모시겠습니다'라는 내용이었다. 그때까지 한 번도 생각하지 않았던 증조할머니와의 약속인지라 조금 당황스러웠다.

그다음 날 집으로 돌아왔더니 몸이 아주 가벼워진 느낌을 받았다. 기도하면 정말 뭐가 있긴 있다는 것을 몸소 체험한 순간이었다. 이 이야기를 어디에 드러내놓고 말할 수는 없는 노릇인지라, 아내에게도 비밀로 지키다가 조계사 신도들 앞에서 단 한번 소개했던 적이 있다.

스님들에게 실망한 마음에

—

"
....
현실에서 만나는
스님들에게 실망하는
경우가 더러 있었다.
나는 자연스럽게 깊은
고민에 빠지게 되었다

한 3년 정도 꾸준히 불교 공부를 하다 보니까, 현실에서 만나는 스님들에게 실망하는 경우가 더러 있었다. 나는 자연스럽게 깊은 고민에 빠지게 되었다.

당시 소설가 최인호(1945~2013)의 장편소설 『길 없는 길』이 출간되어서 많은 사람들이 읽고 있었다. 한국불교에서 '인간 부처'라고 칭송하는 구한말 한국불교를 개창한 경허 선사(1849~1912)의 일대기를 인간적 관점으로 재해석하여 그린 구도소설이다.

깨달음의 과감한 경지를 승속의 경계를 넘나들며 드러낸 경허선사는 임종을 앞두고 '마음 달이 홀로 둥글게 빛나니 그 빛이 만상을 삼켰어라. 빛과 경계가 모두 공한데 또 다시 이 무슨 물건이리오(心月孤圓 光吞萬像 光境俱忘 復是何物)'라는 열반송을 지었다. 밝게 비추려고 노력하는 한 사람만 있더라도 그 사람 있는 구석이 환하게 밝아지고, 그 영향을 받은 주변 사람들이 또 밝게 비추려고 노력하게 되니 구석구석 온 세상이 밝아진다고 한다.

풀잎 끝의 이슬이라

—

스님들은 물론 불교를 더욱더 깊이 이해하고 싶다는 갈망에 빠졌던 나는 경허 선사의 만행(卍行)이 담긴 사찰들을 찾아보기로 했다. 그러면서 왜 경허 스님이 파계할 수밖에 없었는지를 알고 싶었다.

경허 선사는 천장암에 주석할 때 절을 찾은 신도의 딸과 불륜 관계를 맺었는데, 이 여인이 서산 부잣집으로 시집을 가자 그 시댁에 머슴으로 들어가서 1년간 정을 맺게 되고 술과 고기를 먹는다. 그러다 이 사실이 발각되고 죽도록 두들겨 맞은 뒤 결박된 몸으로 소금 창고에 갇혀 수장되기를 기다리던 중 극적으로 소금장수에게 구출된다.

이 소설에서 가장 기억에 남는 구절은 '나의 몸은 풀잎 끝의 이슬이라, 영웅호걸 간 데 없다'인데, 이는 경허 스님이 지으신 '참선곡'에도 나온다.

경허 스님은 우리가 정말 한 번 꼭 공부해야 될 분이다. 나는 경허 스님을 공부하면서 어차피 스님도 사람인데, 내가 너무 건방져졌구나 하는 생각을 하면서 생활 불교에 매진하는 쪽으로 방향을 정했다. 그때의 마음으로 지금도 '길 없는 길'의 주요 대목들을 USB에 담아서 가지고 다니며 차에서 시간 될 때마다 듣는다.

한창 불교 공부에 빠져 있을 때 내가 많이 실천한 것 중의 하나는 많이 걸어 다닌 것이다. 명상도 많이 했지만 되도록 혼자서 많이 걸어 다녔다. 산길을 혼자서 자주 걷다 보니 두려움이 많이 사라졌다.

또 나는 기업을 경영하는 입장이라 다른 일을 하는 사람들에 비해 예상치 않은 여러 일들을 더 많이 경험한다. 그래서 생긴 버릇이 있는데, 안 좋은 일이 일어날 것 같은 느낌이 들면 그냥 '관세음보

안 좋은 일이 일어날 것
같은 느낌이 들면 그냥
'관세음보살'을 꼭 세 번
염(念)하는 습관이다

살을 꼭 세 번 염(念)하는 습관이다. 안 좋은 일이
있거나 마음이 불안할 때도 그냥 혼자서 '관세음
보살 관세음보살 관세음보살' 3번 염하면 마음이
조금 편안해진다. 이 책을 읽는 불자 여러분에게
강력하게 권장하는 습관이다. 나는 지금도 늘 그
런 식으로 염한다. 특히 무슨 일이 있을 때는 성화를 내면 안 된다
고 스스로를 세뇌해놓았다.

마지막으로 내가 매일 하는 아침 기도 중 마지막 구절을 소개할
까 한다. 기도의 마지막은 '제 소원 성취를 해주시면, 그렇게 해서
제가 얻은 것이 있다면 부처님 가르침을 전하는 데 쓰도록 하겠습
니다'로 끝맺는다.

다른 것과 마찬가지로 불교 공부 역시 용맹정진하던 시간으로부
터 멀어지자 마음이 흐트러지는 기미가 생겼다. 하기 싫은 마음이
올라오기 시작한 것이다. 그래서 마음을 흐트러뜨리면 안 되겠다
싶은 마음이 들어서, 보시를 이전보다 더 열심히 하기 시작했다. 그
러자 10배 이상으로 좋은 일들이 생겼다. 의무감처럼 시작한 보시
가 이제는 자연스럽게 내 삶의 일부가 되었다.

내가 만난 어떤 분들이 이렇게 물었다.

스님이 속인들처럼 술과
고기도 드시는데 우리가
왜 이런 스님에게
시주를 해야 하나?

"스님이 속인들처럼 술과 고기도 드시는데 우
리가 왜 이런 스님에게 시주를 해야 하나?"

"시주는 스님한테 드리는 게 아니고, 절이 있
어야 되기 때문에 시주하는 겁니다."

26

이나모리 가즈오

내가 초발심을 냈을 때

우리 집안에서는 증조할머니부터 불교를 믿었지만 내가 불경을 읽거나 명상을 하거나 절하는 수행을 할 기회는 없었다. 손이 귀한 집안으로 시집온 증조할머니와 할머니, 그리고 어머니는 고향 어룡도에서 배를 타고 뭍으로 나와 해남 땅끝마을 미황사나 대흥사 같은 큰 절에서 기도하면서 자손 번창과 식구들의 안녕을 기원했다.

불가에서는 마음공부에 뜻을 세우는 것을 '초발심(初發心)'이라고 부르는데, 내가 초발심을 내서 불교 공부를 실천해보니 모든 분야가 그렇지만 기초가 튼튼해야 한다는 걸 알았다. 기초를 어떻게 키울까? 모든 경전을 수백 번 읽어야 한다. 경전이 필요없다고 말하는 분들도 있지만, 뜻을 좀 알아듣는 게 있어야 마음에 와 닿는 것도 생기는 법이다.

경전 내용을 쉽게 알아들을 수 있도록 자국어로 번역하는 일은 일본이 참 잘한다. 요즘은 우리나라 출판계에도 많은 진전이 있어서 『한글 반야심경』이나 『한글 금강경』 등 다양한 불경의 한글본이 출판돼 그 내용을 쉽게 이해할 수 있게 되었으니 얼마나 좋은가. 특히 영가(영혼)를 천도하는 경전 내용은 한없이 슬프게 만드는데, 불교에 관심 있는 분들은 꼭 한 번 읽어보기를 권한다.

간절한 마음이 있어야

—

내 경험상 초발심일 때 제일 중요한 것은 절실함이다. 간절한 마음이 있어야 뭐가 되더라도 되지 않던가. 그런데 간절한 마음 없이 그냥 절에 와서 기도만 하고 간다면 그렇게 하지 않는 것보다는 낫지만 진정한 기도라고 할 수는 없다. 불교에 '자타일시성불도'라는 말이 있다. 나와 남이 동시에 깨달음을 이룬다는 뜻이다. '나'와 우리 가족을 위해서만 기도하지 말고, 지극한 마음으로 우리 주변에 있는 사람들과 나라를 위해 기도해야 한다.

우리나라에 절이 없다면 과연 우리나라가 이렇게 지탱할 수 있을까? 나는 그렇지 않다고 생각한다. 전국 사찰들이 새벽 3시면 어김없이, 좀 추운 지역에서는 새벽 4시면 일제히 아침 예불을 올리기 시작한다.

나는 그 스님들이 예불을 올리면서 무명의 이름 없는 영가(영혼)들을 위해서도 천도하는 기도를 올리는 걸 알았을 때 아주 큰 감명을 받았다. 우리나라가 잘되라고 빌어주는 불교가 있고, 그렇게 불공드리는 스님들이 있는데 우리나라가

전국 사찰들이 새벽 3시면 어김없이, 좀 추운 지역에서는 새벽 4시에, 동시에 아침 예불을 올리기 시작한다

어떻게 안 좋아질 수 있을까? 우리나라가 작은 나라인데도 이렇게 명맥을 유지해온 이유 중에는 이런 기원의 힘도 작용했으리라고 생각한다.

'흙수저의 신화'

내가 가장 존경하는 승려는 일본 기업인으로서 은퇴 후인 65세에 불교에 귀의해 출가한 이나모리 가즈오(稻盛和夫) 스님이다. '씨 없는 수박'으로 유명한 우장춘 박사의 넷째 사위인데, 본래 그분의 꿈은 야쿠자였다고 한다.

하지만 스물일곱 살의 나이에 맨손으로 '교세라'의 전신인 '교토 세라믹'을 설립해 세라믹 기술에 기반한 전자·산업용 종합부품회사로 성장시키면서 당대 일본 최고의 회사로 만들었다. 일본 국민들이 저렴한 가격으로 통신을 이용할 수 있게 만들었고, 입사하기를 원하는 청년들이라면 일류대든 지방대든 입사할 기회를 공평하게 열어 준 '흙수저의 신화'라고 불릴 만한 인물이다. 앞에서도 언급했듯 그는 은퇴한 후 승려가 되어서 보직이 없는 스님으로 일상생활

을 했다.

그러다가 일흔일곱 살이던 2010년에 일본 항공(JAL)이 법정관리에 들어가는 사태가 일어나자 당시 총리가 직접 가즈오 스님에게 일본항공의 경영을 부탁하자 회장으로 취임했

다. JAL의 재정상태를 고려해 자신은 무보수로 일하면서 대대적인 구조조정을 단행했고, 8개월 만에 흑자로 전환시킨 후 2년 연속 최고 실적을 기록하는 등 일본 경제사에 신화를 썼다. 2013년 3월, 일본항공 회장 자리에서 물러났으며 이후 평범한 승려로 지내다 2022년에 입적했다.

'아름다운 인생은 얼굴에 남는다'는 말이 있다. 조계종 불교사회연구소 소장으로 재임 중인 원철 스님의 책 제목이기도 하다. 링컨 대통령이 사람은 마흔 살이 넘으면 자기 얼굴에 책임을 지라고 말했는데, 40년쯤 사람으로 살면 자기 얼굴에 삶이 나타난다는 뜻이다. 아마 많은 분들이 동의하는 말이지 싶다. 어떻게 하면 자기 얼굴에 책임을 질 수 있을까?

내가 들은 가장 아름다운 말은 '물방울 하나하나가 수천 미터 아래로 떨어져서 헤아릴 수 없는 크기의 바위를 뚫는다'는 『금강경』의 구절이다. 『금강경』에서 유명한 구절은 '모든 현상은 꿈, 환상, 물거품, 그림자 같고 이슬 같고 번갯불 같으니 마땅히 이와 같이 보라'는 뜻의 '일체유위법 여몽환포영 여로역여전 응작여시관(一切有爲法 如夢幻泡影 如露亦如電 應作如是觀)'이고 나 또한 이 구절을 새기고 새긴

다. 그러나 내가 힘을 얻은 『금강경』 구절은 물 방울 한 방울 한 방울의 중요성을 이야기하는 위 구절이다. 그래서 누군가는 나의 경영관을 '금강경 경영'이라고 비유해 말하기도 하는 것 같다.

모든 현상은 꿈, 환상,
물거품, 그림자 같고
이슬 같고 번갯불 같으니
마땅히 이와 같이 보라

27.

뭐라긴?
얼른 장가보내라고 하지

얼결에 나간 맞선 자리

불자로서, 내 인생 최고의 가피는 '중전마마'라고 부르는 아내와의 만남이 아닐까 싶다. 아내는 대선사 일각 스님의 유발 상좌인 만큼 불심이나 신심이 대단히 깊다. 전라남도 해남의 작은 섬 어룡도에서 태어난 나와 경상남도 통영에서 태어난 아내는 하늘이 맺어준 인연인지, 만남에서 결혼까지 2달이 걸렸다. 그야말로 일사천리로 진행되었다.

아내는 경남 통영에 사는 밀양 박씨 집안의 무남독녀 외동딸로 금이야 옥이야 귀여움만 받고 자란 아가씨였다. 우리를 부부의 연으로 맺어준 사람은 셋째 형의 친구이자, 아내의 외삼촌 되는

> 어느 날 셋째 형과 막역한 친구로 지내던 형님이 거제도 장승포에 있는 음식점에서 저녁을 먹자면서 나를 불러냈다

분이었다. 내가 스물다섯, 아내는 두 살 아래인 스물셋이었다.

1981년 미국 샌프란시스코 벡텔(Bechtel)로 떠났던 출장 업무를 마치고 귀국한 뒤 나는 더욱 바쁘게 지내게 되어서, 퇴근 후 술을 한잔할 겨를도 없는 처지였다. 그러던 어느 날 셋째 형과 막역한 친구로 지내던 형님이 거제도 장승포에 있는 음식점에서 저녁을 먹자면서 나를 불러냈다. 나 또한 워낙 가깝게 지냈던 형님인지라 거리낌 없이 만나서 즐겁게 시간을 보냈다. 모처럼 뵌 형님과 식사하고 헤어진 다음 날, 형님에게 전화가 왔다.

"사실 어제 우리가 저녁 먹던 식당 옆자리에 우리 누님이 와 계셨어."

말문을 연 형님은 자초지종을 털어놓기 시작했다.

"내가 누님한테 자네 이야기를 했더니 한번 보자고 해서 어제 음식점에서 그렇게 보았는데 오늘 또 보자고 하시네."

맞선이니 결혼이니 하는 일은 생각해 본 적도 없던 나는 당황하여 물었다.

"그분 혼자 와서 보셨어요?"

"아니지, 누님하고 우리 조카딸이 같이 왔었지. 오늘도 같이 와."

이때까지 나는 이 형님이 장차 처외삼촌이 되실 분이라고는 전혀 생각하지 않았다.

"자네가 맘에 든다고 한 번 더 보자고 해. 자네 형님(셋째 형)한테는 내가 다 말해놨으니 걱정은 말고."

형님도 알고 있다는 말에 더 난감해졌다.

"우리 형님은 뭐래요?"

"뭐라긴? 얼른 장가보내라고 하지."

이렇게 나는 얼결에 선보는 자리로 나갔다. 좋든 싫든 만나보고, 마음에 들면 사귀어 볼 생각이었다. 하지만 나의 다짐과 상관없이 운명은 이미 진행되고 있었다. 통영에서 온, 나보다 두 살 아래 아가씨는 참하고 예뻐서 이미 내 마음속으로 들어와 있었고, 첫날 음식점 옆자리에서 나를 보았다던 형님의 누님에게 나는 이미 사위나 다름없었다.

장차 장모가 되실 분과 아내가 될 아가씨는 연이틀 거제도 장승포로 나를 보러 왔다. 우리 집 사정은 그 형님이 잘 알고 있었으므로 내가 덧붙여 설명할 필요도 없었고, 그쪽 집 사정은 형님이 간단하게 알려주었다.

"아들도 없고 딸 하나뿐이라 자네를 아들처럼 생각하실 거야. 자네 집은 아들이 넷이나 되니 좋은 인연이 아닌가. 자네 형님도 좋대."

다음날 나는 그 형님에게 전화해서 선본 아가씨가 참하고 이쁘더라는 소감을 전했다. 당장 결혼할 생각은 없고, 하더라도 느긋하게 천천히 할 생각이라는 말도 덧붙였다. 하지만 인간사 만사 예상대로 흘러가지 않는 법이다. 며칠 뒤 형님에게서 다시 전화가 왔다.

"장인 될 분이 자네를 한번 보자고 하시네."

나는 멀뚱멀뚱 장래에 장인어른 될 분께 인사드리러 통영으로 갔다. 인상 좋고 자상한 분이었다. 장남이자 장손이었던 장인어른은 나를 보자마자 아들처럼 이뻐하셨다.

빈털터리 예비 사위와 장인

일제 강점기를 지내신 장인어른은 일본어에 능통하다는 장점을 활용해 일본을 오가며 선박 구매 책임자로 일하셨다. 본래는 원동기 선박 엔진 기술 자격증을 가진 분이었기에 젊은 시절 원양을 누비며 원양어선 기관장으로 지내기도 했다. 가장으로의 책임을 다하시면서도 특별한 일이 없으면 집안 청소를 맡으실 정도로 가정적인 분이었던 장인어른은 이후 내 인생을 안정적으로 이끌어주셨다.

아버지가 돌아가시고 작은아버지는 멀리 계셨으므로 나는 장인어른을 아버지처럼 받들었다. 장인어른 역시 나를 좋아하셨다. 겉으로는 완고하셨어도 다정한 속내를 살짝 보여주시는 다감한 면모도 있으셨다.

통영은 대단히 보수적이고 엄격한 분위기의 고장이다. 보수성이나 엄격함에 어울리지 않는 조선소 사원을 사윗감으로 받아들인 이유는 아들처럼 봐주셨던 까닭이다. 나는 그때 군복무 요건을 마치기 직전이었기에 가진 것이라고는 아무것도 없는 빈털터리 상태였는데도 말이다. 얼마 지나지 않아 예비 신부가 말했다.

"아버지가 결혼하는 쪽으로 말씀하시네요."

이어서 예비 장모님의 전갈이 뒤따랐다. 괜히 시간 끌지 말고 빨리 결혼하는 것이 좋겠다는 뜻이었다. 앞으로 행복할 것이라는 안도감에 빠져 운명이 이끄는 대로, 시키는 대로 순종한 것을 지금도 다행이라고 생각한다.

제주도에서 잡은 행운

"
맞선 본 지 두 달
만에 결혼을 했다.
그야말로 눈을 떠보니
한 여자의 남편이
되어 있었던 셈

맞선 본 지 두 달 만에 결혼을 했다. 그야말로 눈을 떠보니 한 여자의 남편이 되어 있었던 셈이다. 보통은 온천이나 해운대로 신혼여행을 떠나던 때였지만 우리 부부는 제주도로 떠났다. 2박 3일의 신혼부부 투어 중에 감귤밭 체험이 있었다. 그때 감귤밭을 안내하던 가이드가 감귤 한 알을 우리 머리 위로 던져 올렸고 나는 손을 번쩍 들어 그 감귤을 잡았다. 그러자 그분이 웃으면서 첫아들을 낳겠다고 말해주었다.

예정된 2박 3일을 채워가던 무렵, 나는 신부에게 호기롭게 말했다.

"우리 여기 며칠 더 있다가 갈까?"

그래서 우리는 일행으로부터 떨어져 나와 제주도에서 이틀 더 머물렀다. 추가 비용은 신부의 지갑을 털어서 마련했다. 항공권을 취소한 뒤 제주도 여기저기를 더 돌아다니며 놀던 우리는 여객선 선착장에 도착해서야 집으로 전화를 걸었다.

신혼여행을 마치고 어룡도로 온 우리는 할아버지와 할머니, 그리고 아버지 산소 앞에 서서 결혼을 고한 뒤 통영으로 돌아왔다. 그리고 열 달 뒤, 우리 부부에게는 첫아들이 태어났다. 제주도에서 잡은 감귤이 행운의 감귤이었던 셈이다. 다시 1년 7개월 뒤 딸이 태어나면서 우리 가족은 둘에서 넷으로 늘었다. 책임은 무거워졌으나 행복감은 그 이상으로 커졌다.

분명한 것은 그때 내가 잡았던 감귤이 행운의 상징이었다는 것이다. 아빠의 잦은 근무지 변경에도 불구하고 아들과 딸은 탐스럽게 자랐다. 학교를 자주 옮기느라 친구를 사귀기 힘들었을 뿐 아니라 학업에도 지장이 있었겠으나 훌륭한 성인으로 성장했다는 사실이야말로 기적 중의 기적이다. 아들은 현재 외과 전문의로, 며느리는 산부인과 전문의로 근무 중이다. 한의대를 졸업한 딸은 개원의로 한의원을 운영하고 있으니, 아들과 딸 덕분에 우리 집은 이른바 의사 가족으로 완성되었다.

아내가 없었다면 오늘의 나는 결코 존재할 수 없었을 것이다. 평생을 직장 중심으로, 나 중심으로 살아왔는데도 우리 집이 이렇게 기적처럼 완성될 수 있었던 것은, 아무것도 가진 것 없는 조선소 사원을 보기 위해 장승포 나들이를 했던 통영 아가씨가 보여준 인내와 이해의 열매라고밖에는 설명할 길이 없다. 무던한 아내의 역할과 억척 엄마의 역할을 잘 감당한 아내야말로 부처님 가피 중의 가피라고 생각한다.

28.

암자는 암자다워야 한다

울면서 하룻밤을 보낸 후

———

절에 가면 마음이 어떤가? 나는 모태 불교라고 말할 수 있을 정도로 불교 신앙이 깊은 집안에서 태어났지만 불가와의 인연이 본격적으로 꽃피기 시작한 것은 삼성을 그만두기로 마음먹었을 때부터다. 그렇게 마음이 일어난 후 꾸준히 공부하면서 오늘날에 이르렀다. 불교 공부를 통해 단단하게 훈련시킨 나의 마음은 힘든 시련을 겪거나 마음이 두려움으로 물들었을 때 내 안에서 밝게 빛난다.

몇 년 전 가을, 내 나름의 어떤 힘든 일이 있어서 설악산으로 훌쩍 떠났다. 오세암에서 하룻밤 묵으면서, 정채봉 작가의 동화로도 창작된 동자승 성불터에서 108배를 했고, 혼자 마구 울기도 했다. 그렇게 하룻밤을 보낸 후 아침에 일어나서 첫 번째 고개를 올라가

다가 만난 아침 햇살을 잊을 수 없다.

　햇살이 눈부시게 아름다워서 사진 한 장을 찍고 계속 가던 길을 걸어가는데 나도 모르게 '석가모니불 석가모니불 석가모니불…'을 외우게 되었다. 그냥 입에서

오세암에서 하룻밤 묵으면서, 정채봉 작가의 동화로도 창작된 그 유명한 동자승이 성불하신 곳에서 108배를 했고, 혼자서 마구 울어도 보았다

흘러나오는 정근이었다. 1시간 동안 걸어가면서, 내내 석가모니불을 염(念)했는데, 그동안 눈물이 그치지 않는 것이었다.

　나는 몇 년 전 히말라야 트레킹을 하기 위해 네팔을 갔던 적이 있다. 사람이 살기에 적합한 곳이라고 할 수 없는 척박한 땅에 세워진 가난한 나라인 네팔에서 기억에 남는 장면은 어딜 가더라도 만날 수 있는 만다라(曼陀羅)였다. 2000년 이상의 역사를 자랑하는 문화유산이자 네팔에서 가장 오래된 사찰로 유명한 스와얌부나트를 비롯한 곳곳에서 만다라는 순례하는 불자들과 여행자들을 맞이했다.

　만다라는 부처가 직접 경험한 것을 나타낸 그림이며, 우주 법계의 온갖 덕이 갖추어져 있다. 가장 척박한 땅 위에 세워진 가난한 나라에서 만나는 완전함을 뜻하는 만다라를 보면서, 네팔의 깊은 산속 골짜기 바위에 새긴 '옴마니반메훔'을 읽으면서, 관광지 어디서나 흘러나오는 명상음악 찬트(Chant) '옴마니반메훔'을 들으면서, 나는 아주 어려운 환경에 처한 그들을 향해 '저들이야말로 부처님 원력의 힘을 실천하고 있는 '보살'이 아닌가' 하고 생각하였다.

　나는 절을 가리켜 '자연 공부방'이라고 부른다. 사찰들은 조선시대 때 '숭유억불정책'에 따라 모두 산으로 오게 되었는데, 대부분이

좋은 자리에 있다. 풍광이 좋고 어떤 포근함을 느끼게 해준다. 아직까지 나는 절에 갔다 와서 기분이 나빠졌다고 하는 사람을 만나지 못했다.

108배를 하던 중 갑자기

나는 더러 사람들에게 종교가 있건 없건, 불교를 믿건 믿지 않건, 따지지 않고 물어보는 말이 있는데, "절에 가면 마음이 어떻습니까?"라는 질문이다. 종교에 상관없이 사람들이 한결같이 답변하기를 마음이 편하다고 한다. 우리는 병이 있을 때 의사 선생님에게 치료를 받거나 약을 먹어서 고친다. 하지만 나만 하더라도 마음의 짐을 덜어 내고자 절을 찾는다. 본격적으로 절에 다니기 시작한 것이 삼성을 그만두려고 할 때부터였고, 지금도 이상하게 절에 가면 마음이 편안해진다. 근심 걱정은 나라도 해결해주지 못하는 일인데, 이걸 절이 해주는 것이다. 그렇게 해도 마음이 안 풀릴 때 나는 108배를 한다.

" ....
지리산 도솔암은 일반인에게 개방하지 않는 절인데, 내가 가본 절 가운데 가장 기운이 가장 센 곳으로 기억한다

첫 도전에서 108배를 하는 게 쉬운 일이 아니라는 것을 깨달은 후 나는 1년간 금주하면서 매일 108배를 올렸다. 첫 번째 108배를 올리며 가슴 뻥 뚫리는 깨달음을 얻은 후 나는 한번 만나 뵙지도 않은 성철 스님께 '3000배를 올리겠다'고 약

속했다. 그리고 해인사에서 1000배, 춘성 스님이 계셨던 망월사에서 1000배, 어머니의 자궁같이 생겼다고 하는 경남 하동 악양면의 칠성사에서 1000배를 올리면서 3000배 약속을 지켰다. 절은 하면 할수록 욕심을 버리게 되고, 내가 아무것도 아니라는 걸 알게 된다. 10,000배 도전도 해볼 만하다.

108배를 하면 어지간한 문제들은 다 풀리고, 그래도 안 풀리는 문제가 있으면 깊은 산속에 위치한 절까지 걸어서 갔다 온다. 차량을 이용해서 접근할 수 있는 아주 깊은 산속에 위치한 절까지 1~2시간 걸어서 갔다 오는 동안 문제들이 풀린다. 이상하게도 목탁 두드리면서 염불하는 소리를 들으면 마음이 좀 편안해진다.

나와 특별한 인연이 있는 절은 설악산 봉정암, 지리산 상무주암과 법계사, 도솔암, 강화도 보문사 마애불 등이다.

봉정암은 내가 한밤중에 108배를 하면서 돌아가신 증조할머니와 어떤 약속을 하는 기이한 경험을 했던 곳이라 더욱 각별하게 찾아가곤 하는 사찰이다.

나는 지리산에 가면 항상 우리나라에서 가장 높은 곳에 위치한 법계사에 들른다. 지리산 도솔암은 일반인에게 개방하지 않는 절인데, 내가 가본 절 가운데 가장 기운이 가장 센 곳으로 기억된다. 꼭 한 번 다시 방문하고 싶은 곳이다. 보조국사 지눌 스님의 깨달음 체험이 깃들어 있는 지리산 상무주암은 이보다 더 이상 좋은 곳이 없다고 일컬어지는 절이다.

구례 사성암도 내가 자주 다니는 사찰 중 한 곳이다. 강화도 보문사 마애불 또한 상당히 걸어야 다다를 수 있다. 남해 보리암은 예전과는 달리 요즘은 많이 걷지 않아도 된다.

나의 고향인 땅끝마을의 달마산에는 도솔암이 있는데, 신라시대 말 의상대사가 창건한 암자다. 정유재란 때 명량대전에서 패배한 왜구들이 달마산으로 도망쳐와 화재를 입힌 후 오랫동안 재건되지 못하다가, 월정사에 계시던 법조 스님이 꿈을 꾼 후 2002년 복원되었다. 이후로는 별다른 탈이 없다고 한다. 아담하고 낡은 이 암자를 짓기 위해 법조 스님은 기왓장을 일일이 지고 날랐다고 한다.

"스님! 불사를 좀 하시지요?"

불교에서 말하는 불사는 수행을 위한 공간을 짓거나 법당 건립, 불보살상 조성 등 크거나 작거나 관계없이 불교와 관련된 모든 일을 진행하는 것을 말한다. 내가 스님께 질문을 하자, 단박에 거절하셨다.

"암자는 암자다워야 합니다."

스님이 가장 중시하는 원칙이 내 마음속으로 쏙 들어왔고, 이후 달마산에 갈 때마다 도솔암에 들르게 된다.

불자로 완성되기까지

충무 용화사는 아내와 함께 장인, 장모를 모시고 다니던 추억이 깃든 절이라고 할 수 있는데, 용화사에서 일각 대선사를 뵐 때가 더러 있었다. 효봉 스님의 두 번째 상좌인 일각 대선사는 평안남도 출신으로 동국대학교 졸업 후 칠불사로 출가해서 해인사, 통도사, 미래사를 거쳐 용화사에서 주지 스님으로 24년간 계셨고, 다시 송광사로 돌아가 주지 스님과 제 3~4대 방장을 지내셨다.

나보다는 처갓집과 관계가 아주 깊으시고, 아내는 꼬맹이일 적부터 찾아뵈었던 일각 스님이다. 지금 의사로 일하는 아들이 어렸을 때 우리 가족이 함께 용화사에 갔다가 우연히 만나서 기념사진도 찍었으니, 우리 가족 3대가 공유하는 큰스님이기도 하다. 너무 일찍 입적하신 까닭에 4대가 함께 찾아뵐 수 없게 되었지만 여전히 나한테는 굉장히 큰 어른이다.

다행인 것은 일각 대선사의 상좌인 자경 스님과의 인연이 우리 가족에게로 이어지는 점이다. 자경 스님은 굉장히 지독한 분으로, 토굴에서 3년간 수행하셨고 손가락 4개를 소지 공양하셨을 정도다. 내가 초발심으로 뜨겁게 3년간 매일 집에서 올렸던 예불도 자경 스님이 일러주신 그대로 따른 것이다.

자경 스님이 주지로 계시는 경남 하동의 칠성사에서 장모님의 천도재를 올리게 된 것은, 이렇듯 일각 대선사로부터 이어지는 우리 가족과의 깊은 인연 때문이다. 장모님의 천도재는 초재(初齋)와 막재는 조계사에서, 2재부터 6재까지는 칠성사에서 모셨다.

나는 불교 집안에서 태어났지만, 불자로 완성되기까지는 아무래도 처가 덕(?)을 꽤 보았다. 장인어른을 따라 불교를 공부하기 시작했기 때문이다. 장인

> 자경 스님은
> 굉장히 지독한
> 분으로, 토굴에서
> 3년간 수행하셨고
> 손가락 4개를 소지
> 공양하셨을 정도

어른은 단 하루도 새벽기도를 거르지 않을 정도로 독실한 불교 신자였다. 늘 고군분투하던 내 삶을 안정적으로 이끌어주시고, 매일 새벽 사위를 위해 기도해주시고, 가정적인 삶이 무엇인지, 가장의 역할이 무엇인지 보여주셨던 장인어른은 내가 닮고 싶고 마음껏 기댈 수 있던 어른이었다.

평생 늦잠을 자 본 적이 없을 만큼 부지런한 성격이셨던 장인어른은 60세에 정년퇴직한 이후 80세까지 20년 동안 지인의 빌딩 관리로 소일하며 건강을 지키셨다. 그리고 80세가 되던 해에 당신 스스로 통영에 살던 집을 정리하고 장모님과 함께 남해에 있는 노인요양원으로 들어가 지내시다 여생을 평안하게 마무리하셨다.

29

어머니의 임종과
불효자식

'경제통 뉴페이스'로 깜짝 영입되다

2021년 초, 나는 국민의힘 비대위에 의해 '깜짝' 영입이 돼 서울 시장 보궐선거 당내 경선까지 참여하게 됐다. 갑자기 등장한 '경제 통 뉴페이스'였기에 매스컴의 집중 주목을 받았다. 사실 그때 나는 아무런 준비도 되어 있지 않았다. 기업을 하면 서 정치를 바깥에서 겪었을 뿐이다.

당시 정당 후보 예비경선 지원서를 작성하 면서 '업무상 막말·폭력·갑질 등 관련'이라는 11개 항목을 보며 실소를 금할 수 없었다. 이 게 나의 정치 첫 경험이다.

11개 항목 중 세 가지만 옮겨 놓으면 이렇다.

> 국민의힘 비대위에 의해 '깜짝' 영입이 돼 서울시장 보궐선거 당내 경선까지 참여하게 됐다. 갑자기 등장한 '경제통 뉴페이스' 였기에 매스컴의 집중 주목을 받았다

"
예비경선 지원서를
작성하면서 '업무상
막말·폭력·갑질 등
관련'이라는 11개 항목을
보며 실소를 금할 수
없었다. 이게 나의 정치 첫
경험이다

－ 본인, 배우자 또는 자녀가 피감기관, 하청업체 또는 민간단체 등의 예산으로 해외여행, 골프, VIP 대우 등 혜택을 요구하거나 제공받은 적이 있습니까?

－ 본인, 배우자 또는 자녀가 업무와 직·간접적으로 관련이 있는 개인(내부 직원 포함)이나 기관·단체로부터 금전을 차용하거나 급여·자문료·강의료·연구용역비 등 명목 여하를 불문하고 금전을 받은 적이 있습니까?

－ 본인, 배우자 또는 자녀가 공식적인 직장업무 이외의 개인적인 사항과 관련하여 부하 직원의 도움을 받은 적이 있습니까?

대부분 정치인이 이 질문에 하나같이 '아니오'라고 답변하며 청렴결백을 자신했으리라 생각하니 헛웃음이 나왔다. 시도 때도 없이 나오는 '정치인 뇌물전과자'들을 생각하면 말이다. 특히 어떤 유력 정치인은 "제 유일한 방패는 청렴"이라고 자랑했고, "부패지옥 청렴천국"을 구호처럼 떠들어댔다. 하지만 나중에 드러난 그의 실제 모습은 어떠했나.

"
본선 경선에 진출할
4명의 후보를 선정하는
과정에서 프리젠테이션을
한창 준비하던 1월 28일
밤 10시쯤, 목포요양원에
계시는 어머님이
위독하다는 말을 전해
들었다

내가 서울시장 보궐선거 국민의힘 예비경선

에 참가해 본선 경선에 진출할 4명의 후보를 선정하는 과정에서 프리젠테이션을 한창 준비하던 1월 28일 밤 10시쯤, 목포요양원에 계시는 어머님이 위독하다는 말을 전해 들었다.

어머님의 얼굴이 번쩍 떠올랐지만 곧 회복되시겠지 생각했다. 나는 마음을 추슬러 이내 보좌진과 함께 회의 테이블에 둘러앉았다. 하지만 뒤이어 걸려온 전화는 어머님이 운명하셨다는 비보였다.

어머님의 임종도 지키지 못한 천하의 불효자가 된 나는 테이블로 돌아갈 수 없었다. 나를 도와주는 분들은 여전히 분주하게 움직이고 있었으나 나는 전화 송수화기를 든 채 망연히 서 있었다. 건강하시던 어머님께서 요양원에 들어가신 지 한 달 만에 세상을 떠나실 줄은 꿈에도 짐작하지 못했다. 두 번 세 번 생각해도 어머니의 임종이 믿기지 않았다.

참았던 눈물이 쏟아졌다
———

하지만 나는 바로 다음 날, 후보자 정견 발표회에 참가해야 하는 몸이었다. 다른 후보들과 함께 처음으로 대중 앞에 나가서 나를 알리는 행사를 목전에 둔 처지였기에 밥 먹을 틈도 없었다. 이 모든 일을 접고 당장 어머님께 달려가야겠다고 생각했으나, 한 번 더 생각하니 어머님께서 도무지 그런 나를 반겨주실 것 같지 않았다. 피눈물을 삼키는 심정으로 참가한 29일 오후의 정견 발표에 관한 기억은 지금도 정확하지 않다.

우리 집안은 덕천군파에 속한 전주 이씨로 13대조께서는 병자호
란 직후 어수선한 나라 꼴을 보지 못하겠다고 솔가해 해남으로 내
려왔다. 그런 집안의 역사가 있으니만치 나는 할아버지로부터 "나
라가 있어야 우리가 있고 온 백성이 살아야 우리도 산다"라는 말씀
을 귀에 못이 박히도록 들었다. 할아버지의 며느리인 어머니도 마
찬가지였다. 어머니 또한 사적인 일보다 공적인 일을 앞세워야 한
다고 가르치셨다. 영안실에 계신 어머니께 달려가지 않고 정견 발
표회에 참가한 나의 처신은 그런 면에서 보자면 막중한 불효랄 수
는 없었다. 하지만 아들로서의 도리를 다하지 못한 자신에 대한 책
망은 내내 나를 떠나지 않았다.

발표를 마치자마자 나는 뒤돌아볼 겨를도 없이 어머니 곁으로 달
려갔다. 목포에 도착한 시각은 늦은 밤이었다. 영정 속에 계신 어머
니는 생시와 같이 다정하고 너그러운 눈길로 나를 바라보고 계셨고
나는 그 앞에 푹 엎어졌다. 참았던 눈물이 터지듯 쏟아졌다. 그렇게
많은 눈물이 쏟아질 줄은 몰랐다. 막내아들 울음소리는 저승까지
들린다는 말이 있다. 그제야 나는 옛사람들이 전해 준 말의 깊은 뜻
을 이해할 수 있었다.

나의 어머니는 김해 김씨로 완도군 노하면의 면 소재지에서 태어
나 엄격한 부친 슬하에서 성장한 장녀로서 땅끝마을의 섬 어룡도로
시집을 오셨다. 외가 쪽 친지들의 경우 공무원들이 많아서였는지,
아버지보다는 어머니가 더 깨인 분이었다고 할 수 있을 정도로 열

린 스타일이셨다. 자녀 교육에도 더 열성적이셨고, '큰물'에서 성장할 수 있도록 우리 6남매를 큰 도시로 내보내신 분도 어머니셨다. 아버지가 평생 할아버지와 할머니를 모시고 살았으므로 어머니 또한 시부모님을 모시는 맏며느리 역할을 평생토록 하신 셈이었다.

농업과 어업을 겸했던 우리 집은 할아버지께서 소유하신 적지 않은 밭이 있었고, 덕분에 어머니는 농작물과 해산물을 부지런히 매일 채취해 오셔서 맛난 음식을 만들어 주시는 솜씨 좋은 분이셨다. 우리 집은 보리농사를 지었으며 콩이나 고구마 등의 작물도 소량 생산했다. 어룡도엔 주산업인 멸치잡이와 김 외에도 미역과 다시마가 흔했으며, 문어와 소라 같은 해산물도 풍성했고, 톳과 모자반도 지천이었다.

어머니는 94세를 일기로 타계하셨으니 천수를 누린 분이 틀림없다. 손이 귀한 집으로 시집와 6남매를 낳아 독자 가문이 될 뻔했던 위기를 넘기게 하셨으나, 아버지께서 돌아가신 뒤 47년간 홀어미로 6남매를 키우시느라 고생만 하신 어머니께 과연 천수를 다했다는 말을 감히 해도 될지 모르겠다. 노년까지도 어머니는 건강하셨고, 불자로서 도선사나 화계사 같은 사찰에서 머무르시는 때가 많았다.

6.25 참전용사인 아버지의 묘소는 국립 산청호국원에 있다. 군에서 전역하신 뒤 춥고 배고프던 시절 고생스럽게 사시던 아버지는 내가 고등학교 1학년이던 1974년 48세를 일기로 세상을 뜨셨다.

그로부터 반백 년이 지나서 우리 형제자매는 어머니를 아버지 곁에 모실 수 있었다.

형님들은 아버지 어머니가 47년 만에 재회하셨으니 더없이 행복하시리라는 덕담을 나누었다. 나는 과연 47년 만에 만나신 두 분이 과연 어떤 말씀을 나눴을까 하는 궁금증이 일었다. 아마 어머니는 나만 남겨 두고 왜 그리 빨리 떠나셨냐고 원망하셨을 것이다. 그에 대해 아버지는 여섯 남매를 모두 잘 키우느라 애썼노라며 어머니의 손을 잡고 어루만졌을지도 모른다. 두 분은 그렇게 원망과 감사의 인사를 나누면서 저승에서의 재회를 기뻐하시겠지, 하고 나는 임종을 지키지 못한 불효를 씻어 내려고 노력했다.

24일간의 정치인 입문 드라마

어머니와 작별하고 극락왕생을 기원하며 서울로 돌아온 사무실은 차분한 분위기였으나 내 정신은 평소와 같을 수 없었다. 당연히 경선 이후 언론 대응이나 당내 인사 접촉을 원활히 수행하기 어려웠다. 결론부터 말하자면 정견 발표회 이후 치러진 여론조사와 당원투표 결과 나는 본선 진출에 실패했다. 여론조사에서 거둔 저조한 지지가 주요한 패인이었다. 이렇게 나의 새로운 도전과 24일에 걸친 정치인 입문 드라마는 막을 내렸다.

어린 시절 어머니의 손을 잡고 어쩌다 한 번씩 절을 찾는 꼬맹이였던 나는 편안한 마음으로 형제자매들과 함께 지리산 칠성봉에 위치한 대한불교 조계종 칠성사에서 어머니의 49재를 모셨다. 나에게 난생 처음 가슴이 탁 뚫리는 기쁨, 그리고 첫 예불과 첫 기도의 환희와 감로수 같은 감격을 느끼게 해주었던 금봉암이 세월이

정견 발표회 이후
치러진 여론조사와
당원투표 결과
나는 본선 진출에
실패했다

흘러 칠성사가 되었다. 그때의 인연 덕분에 지리산 칠성사에 어머니의 49재를 모실 수 있었고 주지 스님은 정성스런 불심으로 일곱 번의 재를 손수 올려 주셨다. 여섯 남매가 모여 어머니의 마지막 재를 올리면서 나는 어머니를 극락으로 보내드렸다. 남도의 들판 곳곳에 꽃들이 만개하고 꽃향기가 산과 들에 가득했던 따뜻한 봄날이었다. 아버지 곁에서 영원토록 머무르실 어머니의 극락왕생을 빌어드리기에 좋은 날이었다. 오랜만에 재회한 아버지와 손을 맞잡고 도솔천을 유람하고 계실 어머니를 상상하니 불효자의 어둡던 마음도 밝아졌다. 그 정토에서 아버지 어머니 극락왕생하시기를 이 막둥이는 다시금 진심 기원한다.

그로부터 여러 날이 지난 후 어머니와의 작별보다는 24일간 정치인으로 보낸 후보 경선이 방금 치른 전투처럼 떠올랐다. 비록 짧은 시간이었지만 나로서는 현실정치에 대해 귀중한 경험을 하는 기회였다.

어찌 보면 어머니와 영영 헤어지는 길목에서 나는 인상적인 정치 경험을 한 것이다. 그저 우연히 일어난 일에 대하여 과장되게 해석한다는 비판의 소리를 들을 수도 있겠지만, 나는 지금도 자식들이 잘되기를 바라셨던 어머니의 바람을 가슴에 새기고 있다.

30.
박경리 작가의 친구
'호랑이 장모님'과 무료급식소

대장부 기질의 장모님

—

2023년 8월 30일, 장모님께서 돌아가셨다. 그날은 불교에서 선망 조상들과 영가들을 극락으로 인도하기 위해 재를 지내는 백중날이었다. 마치 당신이 가실 날을 아신 것처럼 백중재가 시작되는 아침 10시, 장모님은 평온한 얼굴로 이 세상에서의 삶을 마치고 극락으로 가셨다.

장모님과의 추억은 말로 다 할 수 없을 정도로 많다. 나는 섬에서 태어나 많은 형제 사이에서 자랐다. 일찍 부산으로 나와서 홀로 자취하며 공부했다. 반면 아내는 늦둥이 외동딸로 태어나 그야말로 금지옥엽으로 자랐다. 통영 분이셨던 장모님은 박경리 작가와 어린 시절 한동네에서 자란 친구였다. 장인어른은 일찍이 자신의 실력을 바탕으로 사업에 성공하여 남부럽지 않은 부를 이루었다.

그래서였을까. 장모님은 세상을 바라보는 눈이 남달랐다. 대장부 기질이 강했다. 사위를 품 안의 아들로 생각하며 호령했다. 나는 그런 장모님과 기싸움을 벌였고, 신혼 시절 많은 갈등을 빚기도 했다. 젊은 치기를 부리는 사위에게 한 번도 져주지 않으셨으나, 돌이켜 생각해보면 장모님 말씀이 대부분 옳았다.

첫아이 출산 때는 만삭의 몸을 이끌고 병원으로 가는 아내에게 회사일 핑계로 같이 갈 수 없으니 먼저 가 있으라고 말했다. 출산이 끝났다는 장모님 전화를 받은 뒤에야 나는 병원으로 출발했다. 이때 아내보다 장모님의 서운함은 이루 말로 다할 수 없을 정도였다. 무남독녀 외동딸이 첫 외손주로 아들을 낳아서 기분이 좋으셨지만, 사위라는 녀석이 제때 나타나지 않아서 많이 섭섭했던 것이다.

장모님은 스스로에게도 엄격했을 뿐만 아니라 가족들에게도 엄하고 철저하셨다. 독실한 불교 신자였던 장모님은 만 50세가 되던 해, 쌍계사 금강계단에서 석암 큰스님을 계사로 수계(受戒)를 받았다. 수계란 불교의 계(戒), 또는 율(律)을 지키겠다고 승려 앞에서 형식을 갖추어 공적으로 서약하는 예식이다. 기독교의 '세례'처럼 새로 태어난다는 의미를 지닌다.

수계를 받은 장모님은 불자의 삶을 실천하는 데 최선을 다했다. 수행을 열심히 하지 않는 것 같으면 스님들에게도 '쓴소리'를 마다하지 않으셨다. 그래서 '호랑이 할머니', '호랑이 보살'로 불리기도 했다.

장모님은 정말 '천안통(天眼通)'을 지닌 것처럼 내가 조금이라도 다른 마음이 있거나 게으름을 부리려고 하면 누구보다 빨리 알아차리셨고 따끔한 질책을 마다하지 않으셨다. 멀리 떨어져 있어도 나의 마음을 속속들이 알아차리는 분이었다.

내가 인생 진로에서 어떤 중대 결정을 내리게 됐을 때다. 아내와 아이들의 반대가 컸다. 가족들이 보았을 때, 뭔가 바람 든 것 같은 남편이나 아빠의 모습이 얼마나 불안했겠는가. 그때 장모님께서 이렇게 말씀했다.

"이 서방이 하겠다는 대로 두어라. 남자가 가슴에 뜻을 품었으면 응원해야지. 이 서방은 허투루 결심하는 사람이 아니다."

장모님의 한 마디에 가족들은 모두 반대를 접었다. 평생 장모님이 어떻게 살아오셨는지 알기에, 장모님의 말씀은 그 자체로 '이승현'이라는 사람에 대한 보증서가 되어준 것이다.

몇 년 전 장인어른께서 작고하신 뒤 장모님은 경남 남해에서 머무르며 행복한 노년을 보내셨다. 장인어른이 살아계실 때는 두 분이 함께 새벽 3시에 일어나서 독경을 했다. 장인어른이 돌아가신 뒤로도 장모님은 홀로 매일 새벽 3시에 일어나 독경을 하던 분이었다. 100세 가까이 되셨을 때도 전화번호를 하나하나 다 외웠다.

내가 삼성전자를 그만두겠다는 마음을 먹고 부처님 공부를 시작했을 때, 장모님의 소쿠리에는 일각 대선사께서 주시고 간 불교 서적들이 담겨 있었다. 누렇게 색이 바랜 책들이었다. 불법은 그렇게 나에게도 다가왔고, 그렇게 읽기 시작한 불서들을 통해 본격적으로 불교에 입문하게 되었다.

재산은 이미 다 기부하신 다음
—

장모님이 돌아가신 후 장례를 치르면서 나는 또 한 번 펑펑 눈물을 흘렸다. 장모님께서는 당신이 돌아가신 후의 일까지 모든 준비를 스스로 해 두셨기 때문이다.

일흔 살 되시던 해, 장모님께서는 수의를 준비해 달라고 하셨다. 한창 일하느라 바삐 지내던 나는 장모님께 금액은 생각하지 마시고 마음에 드는 옷으로 고르시라고 말씀드리며 송금해드렸다. 그렇게 장모님의 칠순은 지나갔고 나는 그 일을 까맣게 잊어버렸다.

그런데 장례식에서 27년 전 당신이 손수 고르셨던 수의를 입고 누워 계신 장모님을 보자 울음이 터져 나왔다. 장모님은 영정사진도 미리 준비해뒀고, 장례비용은 통장에 딱 맞추어 두셨다. 남은 재산은 모두 이미 다 기부하신 다음이었다.

평생을 불자로 살아오신 장모님의 장례는 참으로 여법하게 진행되었다. 당신이 살아오신 삶의 모습이 장례식에서 그대로 드러났다. 큰스님들이 오셔서 염을 하고 염불을 해줬다. 49일 동안 7번의 제사를 올릴 사찰도 모두 정해져 있었다. 자신의 죽음 이후를 스스로 준비해 놓으신 장모님 덕분에 하나뿐인 딸과 사위는 허둥대지도, 당황하지도 않고 장례를 잘 치를 수 있었다. 장례식이 끝나고 장모님의 유품을 정리하는데, 소지품으로 염주 하나와 단주 하나만

남아 있었다. 나는 장모님이 남긴 단주와 염주를 붙들고 절을 하면서 아이처럼 울었다.

남은 장례조의금을 기부하다

나에게는 네 분의 부모님이 계셨다. 아버지와 어머니, 장인어른과 장모님이다. 그 네 분 중 아버지가 가장 먼저 세상을 떠나셨다. 장인어른과 어머니도 천수를 누리시고 편안하게 눈을 감으셨다. 부모님이 돌아가시고 난 후에야 후회하는 것이 자식이라고 했던가. 효도를 충분히 다 했다고는 할 수 없으나 그래도 도리는 부지런히 했노라고 자부했는데, 네 분 어르신 중 마지막 남은 장모님마저 돌아가시자 어쩐지 가슴이 텅 빈 것 같았다. 평생 이어진 장모님의 사위 사랑과 억척스러움은 감사하다는 말로는 부족할 지경이다.

하지만 내가 상주로 맞이한 조문객들 모두 장모님을 부러워했다. 가신 날도, 가신 시간도, 가신 방법도, 가신 모습도, 영정사진도, 수의도, 장례도 최상의 최상이라고 입을 모았다. 평생을 불자로 살던 분이라 가시는 모습조차 역시 다르다며 덕담을 해줬다. 상주로 서서 조문객들의 덕담과 큰스님들의 덕담을 들으며 텅 빈 가슴의 빈자리가 조금씩 따뜻하게 채워졌다. 사랑도, 질책도 아끼지 않으셨던 장모님을 떠올리며 다짐했다. 응원해주

> " ....
> 장모님의 장례를
> 치르고 남은 조의금
> 2,000만원을
> 탑골공원 원각사
> 무료급식소에
> 기부했다

셨던 그 마음, 그 말씀 절대로 잊지 않고 꼭 지키겠다고, 가슴에 품은 뜻을 꼭 이루겠다고… 장모님께 마지막 인사를 드리며 굳게 약속했다.

'장모님, 이 서방이 꼭 해내겠습니다. 허투루 결심하지 않았음을 꼭 보여드리겠습니다. 좋은 곳에 이미 가셨겠지만 그래도 꼭 응원해주세요.'

장모님의 49재를 지내는 동안 세 번째 재를 올린 후 우리 가족은 평생 가난한 곳에 기부해온 장모님의 뜻을 기리고자, 장례를 치르고 남은 조의금 2,000만 원을 챙겨 가건물 공사비가 부족해 애를 먹고 있는 탑골공원 원각사 무료급식소에 기부했다. 원각사 무료급식소가 바로 옆 부지를 빌려서 신축 중인 약 80평 규모의 가건물 공사가 비용 문제로 중단되는 일이 잦다는 안타까운 소식을 접한 후 뭔가 마음이 편치 않았었다.

원각사 노약자 무료급식소는 아침 식사로 주먹밥 약 200인분을 준비하며, 점심에는 약 300~400명에게 식사를 무료 배식한다. 하지만 급식 공간이 비좁고 낡은 탓에 노약자들이 비나 눈을 맞으면서 식사해야 하는 등 열악한 환경이 문제로 지적돼왔다.'

우리 가족이 원각사 무료급식소에서 몇 년 전부터 봉사 활동을 해온 각별한 인연을 갖고 있기도 하지만, 장모님의 뜻을 기리고자 기부한 공사비 덕분에 중단되었던 공사는 바로 재개되었다고 한다. 힘이 닿는 한 급식소가 완공될 수 있도록 도움이 될 수 있기를 서원해본다.

\#

감사의
시간

31

미군 퇴역 군인 요양원에 선물한
안마의자 3대

'한미동맹 70주년' 기념행사

1953년 7월 27일, 한반도에서는 1,129일간의 전쟁을 중지하는 '정전협정'이 체결됐다.

69년이 지난 2022년 7월 28일, 미국 워싱턴 한국전 참전용사 기념공원에서 '미 한국전 전사자 추모의 벽' 헌정식이 개최됐다.

한국전쟁에서 전사한 미군 3만6천634명과 카투사 7천174명을 기리기 위해 4만3천808명의 이름을 군별, 계급·알파벳 순으로 화강암 벽면에 각인한 것이다. 특히 카투사의 이름을 함께 새겨 넣음으로써 미국 내 참전 기념 조형물 사상 비(非)미국인 전사자 이름이 새겨진 첫 사례가 됐다. 추모의 벽에는 두께 약 72㎝, 무게 4~8t의 화강암 패널 총 100개가 쓰였다. 백악관에서 도보로 15분 거리다.

이날 참전용사 유가족들 중에는 추모의 벽에 새겨진 아버지의 이름에 종이를 대고 연필로 탁본을 하기도 했다. 바로 곁에서 그 장면을 보는 순간 가슴이 뭉클했다.

한국전쟁 당시 16개 국가에서 193만 8,330여 명의 젊은이가 그때만 해도 존재조차 모르는 낯선 땅에 와서 자유와 민주주의를 위해 싸웠다. 특히 미국은 178만 9,000명을 파병해 3만 6,634명이 전사했고, 약 4,000명이 실종됐으며 9만여 명이 부상을 당했다.

이날 헌정식에는 미군 참전용사 및 유가족, 현지 한인 등 2,000여 명이 참석했다. 바이든 대통령은 코로나 확진 관계로 참석하지 못 했다. 부통령 남편인 '세컨드 젠틀맨' 더그 엠호프, 제이크 설리번 백악관 국가안보보좌관, 존 틸럴리 한국전참전용사추모재단 이사장 등이 각각 참석했다. 한국에서는 이종섭 국방부 장관과 박민식 국가보훈처장, 조태용 주미대사 등이 참석했다.

추모의 벽에는 'Freedom is not free'라는 문구가 크게 새겨져 있다. 추모의 벽 건립은 2016년 10월 7일 미 상원에서 '추모의 벽 건립법' 통과에도 예산이 확보되지 않아 어려움을 겪었다. 벽 건립에 든 예산 274억 원(2천420만 달러) 중 266억 원을 보훈처가 지원했다. 나머지는 건립사업 주체인 한국전참전용사추모재단, 재향군인회, 한국 기업, 국민 성금으로 충당됐다.

'자유는 공짜가 아니다(Freedom is not Free)' 어디선가 보았던 이

글귀를 미국의 수도 워싱턴D.C.의 한국전쟁 참전용사 기념공원 벽에서 읽을 때의 전율이란! 오늘날의 대한민국이 결코 공짜로 이루어진 것이 아님을 온몸으로 생생하게 느낄 수 있었다.

이듬해 2023년 나는 한미동맹재단의 부회장 자격으로 제2연평해전 부상자를 비롯한 8명의 대한민국 영웅들과 함께 '한미동맹 70주년' 기념행사에 참석하기 위해 미국 워싱턴을 다녀온 적이 있었다. 한미동맹재단은 한국에서 근무하다 미국으로 돌아간 주한미군 전우회를 지원하는 일을 하는 한편 한미 양국 장병들의 보훈과 동맹 강화를 돕는 일을 하고 있다.

미국은 각 지역마다 주방위군은 물론 군부대가 있으며, 이들이 지역에서 행사하는 영향력은 상당히 크다. 더구나 미국은 군 출신들을 굉장히 우대해주는 문화가 있다. 만약 우리나라 기업들이 미국에 진출할 때 주한미군에서 근무했던 군인들이 해당 지역에서 '한 말씀'이라도 좋게 거들어 준다면 우리 기업이 그 지역에서 자리 잡기가 한결 수월해진다. 일본은 이러한 미국 문화의 특징을 잘 알고 일찍부터 미군과의 관계를 잘 맺어왔다. 우리나라는 비록 출발이 늦었지만 누적 주한미군 350만 명을 우리 팬으로 만든다면 미국으로 돌아간 그들이 '한국 홍보대사' 역할을 해줄 것이 틀림없다.

부상당한 예비역들의 인상

이번 워싱턴 방문 길에는 제2연평해전 승전을 이끈 이희완 해군 대령, 연평도 포격전 당시 포7 중대장이었던 김정수 해병대 중령, 천안함 함장 최원일 예비역 해군 대령과 참전 장병 전준영 예비역 해군 병장, 김정원 육군 중사, 그리고 나라를 지키다 불의의 사고를 당한 DMZ 목함지뢰 사건 부상 장병 하재헌 예비역 육군 중사, K-9 자주포 폭발 부상 장병 이찬호 예비역 육군 병장, 김포 지뢰폭발 사고 부상 장병 이주은 예비역 해병대 대위가 함께 했다. 한미동맹재단에서는 호국영웅 8명의 여행 경비 일체를 부담했다.

이들 중 부상을 당한 세 명의 예비역에게서 상당히 주눅이 든 인상을 나는 받았다. 심지어 제2연평해전 승리를 이끈 이희완 해군 대령 역시 위축된 인상을 주었는데, 당시 일부 언론들이 기습 공격을 당한 긴박한 상황을 두고 '놀다가 공격당했다'는 식의 억측 기사를 내보내는 바람에 일일이 언론사를 찾아다니며 해명하는 데 많은 시간을 들였을 뿐만 아니라 마음고생도 이만저만 심한 게 아니었던 모양이다. 자신들은 목숨 잃을 수 있는 위험한 상황에서 죽기 살기로 싸워 승리했는데, 무책임한 추측성 보도로 본질을 흐리게 만들어 당사자들을 사지로 몰아넣는 황당한 일은 더 이상 일어나서는 안 된다. 국가를 지키는 안보 문제와 관련해서는 정치적 입장, 좌우 이데올로기는 개입되어서는 안 되고, 따뜻한 시선과 품어 안는 이해심은 몇 배로 더 늘어나야 한다.

> " 이들 중 부상을 당한 세 명의 예비역에게서 상당히 주눅이 든 인상을 나는 받았다

나는 예상치 못한 상태에서 일어난 사회적 사건에 대해서는 분노하면서, 왜 나라를 지키다 발생한 불의의 사고에 대해서는 분노하고 따지는 사람이 단 한 명도 없는지 이해하기 어렵다. 물론 불의의 대형 참사에 대해서 원인을 따지고 규명해야 되지만 군인들의 위험한 참사에 대해서는 무관심하다고 할 정도로 당연시 여기는 우리 문화는 아쉽기만 하다. 국민적 차원에서 좀 더 관심을 가지고 도와주는 방법을 다양하게 모색하는 게 필요하다. 무조건 분노부터 하는 것이 능사는 아니다. 그보다는 국가를 위해 헌신하고 우리 국민을 위해 봉사하는 분들에게 따뜻한 마음을 보내는 문화부터 조성하는 것이 더 중요하다.

군인들에 대한 예우가 깍듯한 미국을 나조차도 부러워하는데, 미국에 가서 직접 체험한 8명 호국영웅의 마음은 오죽했을까 싶다. 미국 영화에도 많이 나오지만 미국은 실제 군인에 대한 예우가 참으로 정중하다. 정복 차림의 참전 군인이 식당에 가면 밥값을 잘 안 받고, 아니면 다른 사람이 값을 대신 치르고, 대중교통을 이용할 때는 좌석을 너도나도 양보해준다. 비단 군인에 대한 예우 문제만은 아니다. 우리나라도 이제는 소방공무원, 경찰공무원, 해양경찰, 산림청 공무원 등 불철주야 치안과 안보를 담당하며 헌신하는 이들에게 따뜻한 시선과 작으나마 조금씩 도울 수 있는 공익적 환원 구조가 제대로 확립되어야 한다.

6·25 때 헌신한 생존 미군들

———

> 나는 귀국 후 안마기 3대를 구입하여 미국 워싱턴 퇴역 군인 요양원에 설치될 수 있도록 지원했다. 3만 3,000달러가 들어갔다

당시 '한미동맹 70주년'을 기념하는 미국 행사를 위해 한국무역협회가 워싱턴 리츠칼튼에서 한미 양국의 호국영웅들과 대통령의 오찬 자리를 마련했다. 기념 행사 후 퇴역한 미군들이 머무는 요양원을 둘러볼 기회가 있었는데, 요양원 책임자인 육군 소장이 아주 조심스럽게 안마기를 선물로 받고 싶어했다. 사실 국가에서 지원해주어야 하는 일이지만 빠듯한 나라 예산을 고려하여 내가 선물로 준비하게 되었다. 물론 우리나라 군 요양시설에도 안마기를 보내주어야 하겠지만 6·25 전쟁 때 헌신한 미군들 답례품으로 먼저 선물하게 되었다.

나는 귀국 후 안마기 3대를 구입하여 미국 워싱턴 퇴역 군인 요양원에 설치될 수 있도록 지원했다. 3만 3,000달러가 들어갔다. 얼마 후 나는 그들로부터 감사의 편지와 안마기 설치 및 사용 사진을 전자우편으로 받았다.

〈이 장군님(나를 장군 출신으로 오인), 오늘 안마의자가 설치됐고 역전의 노병들은 즉시 그걸 사용했습니다. 놀라운 선물 정말 감사합니다. 안마의자 회사의 설치 작업도 아주 친절했습니다. 안마의자들은 멋진 제품이고 아마 수년간 우리 노병들이 이를 즐기게 될 겁니다. 당신들과 함께 했던 시간이 매우 좋았습니다. 부인에게도 안부를 전해주십시오.

General Lee,

The massage chairs were installed today and our veterans immediately

used them. Thank you for such a wonderful and thoughtful gift! They are very well made and will be enjoyed by our Residents for many years. The company was very good to work with. Please pass along our thanks to the First lady.

V/r, Susan Bryhan"〉

나의 아버지와 작은아버지도 6.25 참전용사이긴 했으나 그것이 어떤 의미인지를 깨닫기에는 그때 나는 너무 어렸다. 하지만 목숨을 바쳐 대한민국을 지킨 영웅들과 함께 미국의 수도 워싱턴D.C. 한국전 참전용사 기념공원 벽에서 이 글을 보았을 때, 6.25의 의미가 무엇인지 비로소 일깨워지기 시작했다.

한국이 지구 어디에 있는지도 모르는 미국의 청년들이 자유민주주의를 지키기 위해 이역만리 한국에 왔고 그중 3만 6,634명의 꽃다운 목숨이 희생되었다. 이것은 전적으로 1953년 기적적으로 체결된 한미 상호방위조약 덕분이었다. 그동안 우리가 먹고살기 어려워 고국으로 돌아간 주한미군들을 제대로 돕지 못했으나 이제는 좀 도와드리자고 해서 결성한 단체가 '한미동맹재단'이다. 우리의 방문은 6.25 참전 미군 장교였던 윌리엄 웨버 대령의 안장식에 참여하고 6.25 의미를 되새기기 위해 이루어졌다.

전설적 인물, 윌리엄 웨버 대령

"
....
지난 2022년 4월에 타계한
윌리엄 웨버 대령은 6.25
한국전쟁 당시 원주에서
전투하던 중 수류탄에
오른팔이 잘리고, 다시
새벽녘에 중공군 폭격으로
오른 다리를 잃었으나

지난 2022년 4월에 타계한 윌리엄 웨버 대령은 6.25 한국전쟁 당시 원주에서 전투하던 중 수류탄에 오른팔이 잘리고, 다시 새벽녘에 중공군 폭격으로 오른 다리를 잃었으나 끝까지 작전을 지휘하였다. 그리고 미국으로 돌아가 대령까지 진급하였다. 미국 역사상 부상 후 대령으로 예편한 경우는 두 번째, 독립전쟁 이후로는 첫 번째인 전설적 인물이다.

그는 워싱턴D.C. 한국전 참전용사 기념공원의 '한국전 기념비·추모의 벽' 건립을 주도한 영웅이자, '19인 동상'의 실제 모델로, 전역한 뒤에는 평생 6.25의 의미를 알리는 데 앞장섰으며 한미동맹과 참전용사들을 위해 헌신해 왔다. 한미동맹재단에서는 윌리엄 대령을 기리기 위해 그의 사후 한미의 중고등학생을 대상으로 '윌리엄 E. 웨버 대령 한미동맹상 에세이 공모' 행사를 매년 개최하고 있으며, 2023년 10월엔 파주 평화누리공원 미국군 참전기념비 옆에 추모동상도 건립했다. 사후 처리를 포함하여 미국을 경험할수록 '나라를 위해 목숨을 바치고 싶은' 마음이 저절로 생기게 될 정도로 호국영웅 예우 등이 각별함을 알 수 있다.

나는 2022년에도 우리나라 대표로 미국에 건너가 당시 조태용 주미 대사와 함께 고 윌리엄 웨버 대령의 안장식에 참석했었다. 그

때 만난 부인 애널리 웨버 여사는 산소 호흡기를 달아야 할 정도로 병세가 위중한 상황이었음에도 나와의 기념사진 촬영을 위해 산소 호흡기를 떼었다. 내가 웨버 여사에게 말했다.

"백선엽 장군이 2020년에 돌아가셨습니다."

"백선엽 장군을 존경합니다."

역시 훌륭한 사람이 훌륭한 사람을 알아보는 법이라는 생각이 들었다. 웨버 여사는 웨버 대령이 세상을 떠난 지 6개월 후 남편 곁으로 떠났고, 알링턴 국립묘지 남편 옆에 안장되었다.

32.

MZ세대가 꼽는
인생에서 가장 중요한 것

인생에서 가장 중요한 것?

　2015년을 전후해 우리나라에서는 청년세대를 '연애, 결혼, 출산'을 포기했다고 해서 '삼포세대'라고 불렀다. 그러다가 2019년부터는 '엠지(MZ)세대'라고 부르고 있다. 전자는 기회가 주어지지 않는 세대인데 반해 후자는 개인주의 성향이 강하고 소비지향적이라고 한다. 왜 이렇게 청년층에 대한 시선이 바뀐 걸까. 대한민국에서만 통용되는 엠지(MZ)세대는 기업들이 마케팅 수단으로 활용하기 위해 밀레니얼과 제트(1990년대 중반 이후 출생자)를 합친 것으로 10대부터 40대 초반까지의 연령대를 하나의 세대로 묶은 용어다.

　내가 고려대 경영대생 450명을 대상으로 '경영학의 이해'라는 특강을 강의할 때였다. 수강생 대부분이 1~2학년들이었는데, 대학 입시에 너무 시달리고 경쟁심에 매몰된 듯한 인상이 강했고, 고려대 경영대에 입학한 이유가 명확하지 않은 학생들도 제법 있었다.

"엄마가 가라고 해서 왔어요."

"점수가 돼서 왔어요."

물론 본인 스스로 명확한 목표를 가지고 입학한 학생들도 있었지만 과반수는 목적의식이 뚜렷하지 않았다. 그런 학생들의 경우 고려대 경영대 합격이 목적지가 되기 때문에 더 이상 향상되고자 하는 꿈을 꾸지 않는다. 그렇기 때문에 다른 전공으로 바꾸는 전과생들이 경영대에도 굉장히 많다고 한다. 많은 학생들이 당장 눈앞에 보이는 좋은 것만 찾아다닌다는 이야기다.

힘든 입시 관문을 통과해서 대학의 낭만을 즐기며 한숨을 돌리고 있을 수강생들에게 나는 과제를 냈다.

"여러분들의 인생에서 가장 중요한 게 무엇입니까? 2주간 생각해보고, 너무 많아도 골치 아프니까 3가지로 정리해 오시길."

2주 후 학생들이 본인들 스스로 고민하여 자기 인생에서 중요한 3가지를 정리해 왔고, 그 내용들을 정리해 토론하는 시간을 가졌다. 학생들이 정리한 생각들을 보며 나는 안도감을 느꼈고 상당한 동질감도 느낄 수 있었는데, 상위 10가지 항목은 이런 내용이었다.

1. 친구(143) 2. 가족(123) 3. 꿈(93) 4. 사랑 5. 금전 6. 건강 7. 취미

8. 물건 9. 행복 10. 음식

> 여러분들의 인생에서 가장 중요한 게 무엇입니까? 2주간 생각해보고, 너무 많아도 골치 아프니까 3가지로 정리해 오시길

학생들은 '친구'를 가장 중요하게 여기는 것으로 꼽았고, 가족, 꿈이 그 뒤를 이었다. 아마 이 10가지는 중요 순위가 앞뒤로 바뀔 수 있을지 몰라도 대부분의 사람들이 중요하게 여기는 10가지라고 생각한다. 이렇게 우선순위를 설정해 놓으면 혹시라도 무슨 일이 생겼을 때 신속하고 정확하게 대처할 수 있다. 나는 학생들이 이 수업을 통해 스스로에게 중요한 게 무엇인지를 따지고 정리하다 보면, 무엇에 충실해야 할지를 저절로 터득하게 됨을 경험하도록 하게 해주고 싶었다. 특히 경영학 전공자로서 자기 스스로를 먼저 경영할 줄 알아야 기업을 경영할 수 있음을 미리 일깨울 수 있는 시간으로 만들고 싶었다.

"나중에 보니 경쟁자였다"

이어령 선생이 말년에 암 투병 중에 말씀하시길, '지금 가장 후회하는 것 중의 하나는 친구가 없다는 것이다. 나는 내가 그의 친구인 줄 알았는데 나중에 보니 경쟁자였다'라고 하면서 굉장히 아쉬워하셨다. 젊은 친구들의 생각은 죽음 앞에 직면한 대가의 생각과 다르지 않다는 걸 확인하면서 당시 나는 그 학생들에게 이렇게 말해주었다.

"등산로의 산길조차도 자주 왕래하지 않으면 없어집니다. 사라집니다. 친구 간의 관계도 자꾸 연락하지 않으면 멀어집니다. 요즘은 전화도 있고, 카톡방도 있고, SNS라는 것도 있어서 꾸준히 연락할 수 있으니까 서로 잊지 않도록, 끊기지 않도록 노력해야 됩니다. 형식적으로 연락하지 말고, 진실함을 담아야 그 친구의 마음에 자신이 친구로 남겠지요"

그 학생들 또래일 무렵의 나는 꿈을 가장 중요하게 여겼다. 그다음으로는 친구가 중요했고, 이어서 가족, 사랑을 소중하게 여겼다. 40여 년이 흐른 지금의 나에게 중요한 것은 무엇보다 가족이고, 두 번째는 건강, 세 번째는 행복, 네 번째는 꿈, 다섯 번째는 친구 순이다. 연령대별로 중요도나 가중치는 조금 바뀌겠지만 대부분 사람들이 비슷할 것이다. 삶이란 행복으로부터 의미를 찾을 수 있으며, 건강해야 행복할 수 있기에 이제 나에게는 꿈보다 행복이 더 중요하다.

사족으로 한 마디 덧붙이면 삶의 모든 것은 사람과 사람의 신뢰 위에서 이루어진다는 점이다. 마케팅이든 사업이든 일상이든 모든 것이 그러하다.

신뢰해도 좋은 사람들의 특징

—

나는 일본에서 생활하는 동안 많은 일본인들과 어울렸는데 사실은 그러한 인간관계가 업무에 상당히 큰 도움을 주었다. 마케팅이나 기술이나 다 사람이 하는 일이다. 그러한 일은 돈으로 살 수 없고 종이에 적어서 전수할 수도 없는 노릇이다.

결국 사람의 머리 속에 든 생각을 끄집어내는 일을 하려면 특히 사람 간의 믿음이 필수적이다. 고객이든 거래처 직원이든 그 사람이 오지 않으면 오게끔 하는 일이 사업의 첫걸음이라 할 수 있다.

한 번은 어떤 대학생이 나에게 '믿어도 좋은 사람'들은 어떤 유형인지를 물어왔다. 그 질문을 계기로 신뢰할 만한 사람들에 대한 생각들을 정리할 수 있었는데, 대략 5가지로 요약할 수 있다.

첫째, 약속을 지키는 사람이다. 약속을 지키지 않는 사람은 기본이 안 되어 있다 보니 변명을 많이 하고 무엇이든 잘 이루어내지 못하는 경향이 있다. 말에는 책임이 따르게 마련이고 행동도 동반된다. 만약 어떤 사람이 약속을 어기면 상대방은 '나도 약속을 안 지켜도 되겠구나' 이렇게 생각하게 되고, 이런 생각이 만연해지면 이 세상 질서가 무너질 것이다. 약속은 모든 것의 우선이다.

둘째, 부모님을 존경하는 사람이다. 어머니는 자식을 낳기 위해 피를 한 동이를 쏟아 낸다고 하니, 목숨을 걸고 자식들을 낳으시는 셈이다. 아버지도 자식을 먹여 살리려고 당신이 하고 싶은 것들은 하지도 못하시고 돌아가실 때까지 자식을 걱정하시니 얼마나 고마운 일인가. 설사 부모님께서 자신에게 안 좋은 일을 조금 하셨다 하더라도, 부모님을 존경하지 않는다면 다른 사람들도 존경할 수 없을 것이다.

셋째, 주위 분들을 고마워하는 사람이다. 우리는 주변 사람들에 대한 고마움을 잘 모르는 것 같다. 심지어 청소하시는 분들만 해도 우리한테는 엄청난 도움을 준다는 사실을 간과한다. 그렇게 하찮은 일을 그분들이 해주시기 때문에 위생이 유지된다. 그분들이 안 계시면 이 세상이 더러워서 어떻게 살겠는가?

넷째, 핑계를 대지 않는 사람이다. 사람들은 패배의식에 젖어서 '누구 때문에 안 된다, 무엇 때문에 안 된다' 이런 이야기를 많이 한다. 안 되는 이유는 누구든 알 수 있으며 그런 내용으로 서류를 만들면 한 트럭을 채울 수 있다. 하지만 안 되는 이유를 말할 필요는 없다. 책임지지 않으려고 하는 건데, 그것보다는 창의적이고 진취적인 자세로 한두 페이지라도 이유를 찾고 만들어 내는 게 중요하다.

다섯째, 거짓말을 하지 않는 사람이다. 선의의 거짓말은 괜찮다고 말하는 사람도 있는데 '하얀 거짓말'도 거짓말이고, 거짓말을 하는 건 기본이 안 된 것이다.

"이 다섯 가지 중에서 몇 가지 정도를 갖추었다면 믿어도 되는 사람일까요?

그 학생이 다시 물었다. 나는 깜짝 놀라서 그 학생에게 말했다.

"몇 가지를 갖췄는지를 알 수 있다고 생각합니까? 한 길 사람 속을 모른다는 속담도 있지 않습니까? 평생을 같이 살아온 부부 사이에서도 어느 날 갑자기 딴 소리를 할 수 있는 게 바로 사람이라는 동물입니다."

나는 다섯 가지를 갖춘 사람을 만나서 친구로 사귀기보다는 내가 늘 5가지를 기억하고 실천할 수 있는 사람이기를 소망한다.

> 한길 사람 속을 모른다는 속담도 있지 않습니까? 평생을 같이 살아온 부부 사이에서도 어느 날 갑자기 딴 소리를 할 수 있는 게 바로 사람

33.
두려움은
어떻게 극복하는가

어미 잃은 원숭이 새끼

어미를 잃은 원숭이 새끼가 죽음의 위기를 극복하고 성장해 나가는 다큐멘터리를 본 적이 있다. 약육강식의 자연에서 어미의 돌봄이 없으면 새끼는 굶어 죽거나 강자들에게 잡아먹힌다. 어미를 잃은 새끼 원숭이는 집단 괴롭힘과 따돌림으로 죽음 직전에 이르렀다.

죽음을 앞둔 어느 날, 새끼는 용감하게 호수에 뛰어들었다. 그때까지 원숭이들은 호수 안의 무시무시한 악어가 두려워 한 마리도 뛰어들지 못했다. 무리의 리더조차도 호수 안에 있는 수련을 먹지 못했다. 그런데 죽어가는 새끼 원숭이가 홀로 호수에 뛰어들어 수련을 먹어버렸다.

이를 시작으로 원숭이들은 수련을 먹었고, 무리의 리더는 새끼 원숭이를 받아들였다. 새끼 원숭이는 어미를 잃었으나 무리의 일원이 됨으로써 살아남을 수 있었다. 극한의 두려움을 극복함으로써 위기에서 벗어난 것이다.

동물들조차 지혜와 용기로 위기를 극복한 존재는 일원으로 받아들이는 포용력을 갖추고 있고, 맹수들도 배를 채우면 더 이상 사냥하지 않는다. 하지만 인간만은 만족을 모르며, 욕망은 더 몸집을 키워 가고, 정치인들은 이러한 심리를 이용해 두려움을 키워 공포감을 조성한다.

서울대학교 인문대학 학생회장 출신으로 광우병 시위를 주도하였던 민경우 대안연대 대표는 '후쿠시마 오염수 방류' 사태의 진행 과정이 이명박 정부 때 나라를 두 동강 낸 광우병 괴담과 판박이라고 한다. 당시 시위를 준비하면서 광우병 관련 정보에 대해 의문을 제기하면서도 그러한 주장들이 사실인지를 확인하는 회의를 한 적이 한 번도 없었다고 한다. 그래서 그 회의에는 무수한 괴담이 난무했다. 당시 소고기가 들어간 라면 수프도 위험하다는 등의 괴담이 퍼지면서 소상공인들이 입은 피해는 무려 3조 7,000억 원에 달했다.

2023년에 '후쿠시마 오염처리수 방류'가 이슈로 제기되었을 때도 이 주제가 한국과 일본의 모든 사안을 한꺼번에 집어삼켜 먹었다. 후쿠시마 오염처리수 방류로 인해 우리 국민의 생명이 위협받는다고 주장했지만, 사실 이 주장들은 일찌감치 '가짜뉴스'라고 판명되었던 것들이다. 그런데도 일부 정치권과 언론 매체들에서는 끊임없이 재생산해냈고, 국민들을 현혹했다.

한일 문제에서의 득실

―

가깝고도 먼 나라, 우리나라와 일본 관계는 알다시피 너무나 중요하다. 지형적으로 한반도 남쪽에 위치한 일본은 여름철마다 형성되는 대부분의 큰 태풍들을 막아줄 뿐만 아니라 지진들도 다 먼저 맞아주므로, 자연적으로도 우리에게 없어서는 안 되는 굉장히 고마운 곳이다. 역사적으로는 우리 문화가 흘러 들어가서 만들어진 나라이면서도, 우리보다 500년 앞선 1500년대부터 이미 바다 건너 서구 문물들을 잘 받아들여서 근대 역사에서 전 세계 2위의 부국강병 국가가 되었다. 당시 일본은 러일전쟁에서 이겼고, 청일전쟁에서 이겼으며, 미국의 진주만을 공격하기에 이르렀다. 일찍이 항공모함을 자체 설계로 개발했으며, 전투함이나 전투기들도 베끼지 않고 자기네가 만들었으니 하늘 높은 줄 모르는 기세였다.

우리나라는 일본과 한자문화권에 속하고 불교문화가 강하다는 점에서 동질감이 크다. 우리 선조들의 역사가 흘러 들어간 그런 일본이 세계 2위인 나라로 성장했으니까, 우리는 그 이상으로 업그레이드된 강국이 되지 않을 이유가 없다.

한일 간 문제는 정치적으로, 이념적으로 싸우기만 해서 풀릴 수 있는 일이 아니다. 바뀌어야 될 게 분명히 있는데도 불구하고 일본인들도 안 바꾸는 건 절대로 바꾸지 않기 때문이다. 우리가 필요한 걸 얻으려면 실리를 취하고, 좋은 관계를 유지하면서 풀어나가는 게 좋지 않겠나 싶다.

사족이 길었다. 괴담으로 인하여 발생하는 우리나라의 각종 손실은 이만저만 큰 게 아니다. 경부고속철도를 건설할 때엔 도룡뇽 서식지가 파괴된다면서 천성산 터널을 건설하지 못하도록 방해한 결과 145억 원의 피해가 발생하였고, 제주 해군기지 건설 반대, 성주 사드 배치 반대 등으로 사회적 피해가 극심했는데도 시위 주도자들은 아무런 책임을 지지 않았다.

이런 괴담 정치는 엄청난 사회적 갈등을 조장하는 것은 물론이고, 악성 댓글을 무수하게 양산해 사람들을 자살로 몰고 가기도 한다. 바른 ICT 연구소 조사 결과에 따르면 우리 사회에서 발생하는 악플로 인한 대표적 피해 사례는 불안·우울로 인한 행복 상실과 스트레스로 인한 능력 저하이며 이로 인한 사회·경제적인 손실은 연간 35조 원이 넘는다고 한다.

불안과 공포는 사람들을 선동하는 데 쓰이는 최고의 무기이다. 하지만 두렵게 만드는 그 실체를 마주할 용기가 있다면, 진실이 두렵지 않다면 새롭게 나아갈 기회를 만들고 기적을 이루어낼 힘은 언제든 발휘될 수 있다. 위기는 언제나 기회와 함께 온다. 대한민국은 불사조 국가이다. 국가의 방향과 목표를 분명히 하고 국민 모두 일치

단결할 때마다 바늘구멍을 뚫고 생존과 번영의 기적을 만들어냈다. 대한민국의 성장과 도약은 늘 위기에서 시작되었다. 위기가 크다는 것은 기회도 크다는 뜻이다.

나야말로 얼마나 두려움이 컸겠는가? 그러나 나는 위기에 처했을 때마다 이를 극복하기 위해 심기일전 새로운 나를 향해 도전하면서 나는 내면적으로 한층 더 성장했고 실력과 자부심도 더불어 튼튼해졌다.

어린 시절을 보냈던 해남 땅끝마을 어룡도에서 살던 때, 나는 겁도 없이 마을 형들을 따라 수영을 해서 바다 위에 뜬 물개바위까지 갔다가 구사일생으로 살아나온 뒤 두려움이라는 걸 알게 되었다. 밀물이나 썰물 때처럼 거센 물살 속에 잘못 뛰어들었다가는 물살에 휩쓸려 버릴 수 있다는 사실을 체험을 한 뒤로는 무모한 도전을 하지 않았지만 그래도 모험정신은 사라지지 않았다. 용감하게도, 해남 바닷가에 정박된 배 밑으로 잠수해 들어가서 오래 버티기 같은 놀이를 하였다. 정박된 배 밑에서 잠수하는 놀이 역시 겨울철 추위를 피하기 위해 차량 밑으로 들어가는 고양이들만큼이나 위험하였으나, 여남은 살의 내가 그런 사실을 알 리 없었다.

두려움으로부터 구해준 것

삼성에서는 어땠을까? 철판을 잘라 배를 만들던 내가 하이테크의 세계에 들어갔으니 모든 것이 낯설고 두렵기만 했다. 더구나 삼성 본관은 대한민국 최고의 엘리트들이 모였던 곳이 아닌가. 대한민국 제2의 수도라고 하지만 그래도 서울 기준으로는 시골인 부산 출신의 시골뜨기였던 나는 옷차림, 말투, 보고 요령 등등 모든 면에서 큰 차이를 느꼈다. 열등감이 없을 수 없었고, 부족한 점들 때문에 힘들었다.

그러나 나는 내가 섬에서 자라면서 겪었던 수많은 도전 의식들과 용감한 정신, 미국 샌프란시스코 벡텔에 출장 가서 미국인들과 맞붙어 일하며 인정받았던 경험 등의 자산을 생각하며 이 시기의 어려움을 극복하는 데 상당한 도움을 받았다. 휴일에도 놀러 다니지 않고 악착같이 공부하면서 '열심히, 그리고 꾸준히 하면 된다'는 생각으로 굉장히 노력했다. 공부하면서 많은 사람을 만났고, 그분들의 의견을 들으면서 혼나기도 했다. 술도 많이 마셨는데, 술 마시면서 이야기 듣는 게 가장 좋은 방법이기도 해서였다.

기를 쓰고 시작한 공부에서 성취를 맛보고 전문 영역까지 독학으로 배워가자, 두려움은 어느새 자신감으로 바뀌어 있었다. 두려움으로부터 나를 구해준 것은 어떤 야망이나 성공에 대한 집념이 아니었고 내가 살아오며 겪은 작다면 작고 크다면 큰 그런 경험으로부터 비롯된 자신감이었다.

"괜찮겠지."

긍정하면서 자신감을 갖고 열심히 하는 게 중요한 것이다. 확인되지 않은 정체 불

> "괜찮겠지."
> 긍정하면서 자신감을 갖고
> 열심히 하는 게 중요한 거지,
> 확인되지 않은 정체 불명의
> 두려움을 밀쳐내려고
> 애써본들 시간만 날리게 된다

명의 두려움을 밀쳐내려고 애써본들 공연히 시간만 날리게 된다. 세상의 이치는 정확해서, 정도의 차이 또는 시간의 차이는 있을지 언정 잘되는 사람과 못 되는 사람이 따로 정해지지는 않았다고 생각한다.

34

'숨은 공로자'
한국외국기업들

수출의 약 21%를 차지

한국외국기업협회는 세계 최고의 반도체 회사 인텔, 자동차 회사 GM 등 총 1만 7,000개 회사가 가입한 경제단체다. 실제 참가 회원사는 1만 4,000개 정도 된다. 외국 투자기업 CEO들이 주도하여 1978년 상공부(산업통상자원부) 허가를 받아 비영리 민간경제단체로 설립된 이후 IMF 외환위기 때 경제 우호단체로 주목받았다.

나는 2017년 중도부터 2020년까지 2년 5개월 동안 한국외국기업협회 회장직을 연임했다. 현재는 명예회장이다. 모르는 사람들은 흔히 외국 기업들이 우리나라에서 제품들을 판매하고 이익을 가져간다고 생각하지만 꼭 그렇지는 않다.

외국 기업들은 우리나라 전국 곳곳에 공장을 크게 지어서 부품 등의 소재를 생산하고 있으며, 이 제품을 한국에도 판매하지만 대부분 전 세계 곳곳으로 판매하여 우리나라 전체 수출에서 21%를 담당하는 엄청난 역할을 하는 단체다.

한국외국기업협회의 가장 중요한 기능은 외국인 투자기업과 우리 정부 간의 가교 역할을 수행하고, 외국기업 경영 활성화 지원을 토대로 내수경기 회복과 산업경제 활력을 되찾기 위한 핵심역량에 집중하는 것이다. 정리하자면 신규 고용 창출과 무역수지개선, 외국인 투자유치, 선진기술과 경영문화 정착 등 국가 경제발전에 실질적으로 공헌하는 기업의 연합체라 하겠다.

앞에서 말했듯이 대한민국 수출의 약 21%를 차지하며, 전체 고용 면에서는 약 7%를 담당할 정도로 중요한 비중을 자랑하는 외국기업협회는 국내 5대 경제단체 가운데 하나다. 주된 임무는 전문화된 정보와 차별화된 업무지원체계를 갖추고 국내에 진출한 외국계 투자회사를 돕는 것이다. 즉, 산업통상자원부 무역투자정책실과 협력하여 외국인 투자자가 한국의 경제 환경에 빠르고 안정적으로 연착륙하도록 돕는, 주한 외국기업의 경영지원 파트너이자 외국인 투자기업의 든든한 동반자라 하겠다.

외국기업협회는 기업만이 아니라 외국인 종사원의 정주(定住) 여건 개선에도 힘을 쏟고 있다. 대부분 외국기업은 매년 정부가 제시한 최저임금 이상의 급여를 사원들에게 지급하고 있으며, 주당 근로시간 문제 역시 근무 여건이 좋은 외국기업과는 직접적 관련이 없다. 다만 최저임금 인상이나

"
대한민국 수출의 약 21%를 차지하며, 전체 고용 면에서는 약 7%를 담당할 정도로 중요한 비중을 자랑하는 외국기업들

228

주당 근로시간 제한 조치 등은 외국기업 경영에도 민감한 문제이고 간접적 영향권에 놓여 있음은 주지의 사실이다. 예를 들어 임금협상이나 근로조건 협상에 있어 노사 간 갈등의 빌미를 제공하게 된다.

그런데 주당 근로시간 제한 조치는 노사가 합리적으로 조정해야 하는 시장 논리이지만, 정부의 정책담당자들은 이러한 시장 기능을 모르거나 무시하고 있는 듯하다. 주문이 급증하는 시기에는 생산을 늘려야 하고 야근이나 휴일 근무도 필요하기 마련이다. 노사는 당연히 합의에 따라 근무시간을 조정하고 초과근무 수당을 정한다.

글로벌 기업들이 한국을 원하는 이유

시장의 기능을 무시한 정책은 국내기업의 문제만이 아니라 외국계 기업에도 불필요한 스트레스를 야기한다. 수십 년 전과 달리, 현재 외국인 투자법인의 CEO와 고용인은 거의 대부분 한국인이다. 시장 논리에 반하는 노동정책은 외국기업협회 회원사와 한국인 사원들의 실생활에 압박요인으로 작용한다는 사실을 간과해서는 안 될 것이다.

우리나라가 글로벌 기업의 기업 활동에 비교적 좋은 환경을 제공해왔음은 다시 말할 필요가 없다. 전자반도체와 자동차, 석유화학과 조선 등 세계시장을 선도하는 삼성과 현대, LG, 포스코 등의 세계적 기업이 많아 한국에서 성공할 경우, 세계시장에서도 성공할 가능성이 높다. 말하자면 제품의 경쟁력과 세계시장 판매 가능성을 시험할 수 있는 '테스트 베드(Test Bed)'로써 한국보다 더 좋은 국가를 찾기는 어렵다는 뜻이다.

더불어 한국에는 잘 훈련되고 근면한 양질의 근로자가 포진하고 있다. 많은 글로벌기업이 대한민국 진출을 원하는 이유다. 즉, 적절한 정부 정책만 받쳐준다면 우리나라로 투자하고자 하는 외국계 기업은 수없이 많다.

반면 이렇게 매력적인 한국의 환경이 세계 시장에서 경쟁력을 잃어버리는 순간 외국 글로벌 기업은 우리나라로 들어올 이유가 없고 들어와 있던 법인도 철수할 것임은 자명하다. 세계적 브랜드와 세계적 기술력을 가지고 있다는 사실, 이 자체가 경쟁력이고 국력이다.

강성 노조와 고용의 경직성, 높은 법인세율은 우리나라로 들어오고자 하는 글로벌 기업들을 망설이게 하는 불안요소다. 게다가 2018년까지 적용되었던 외국인 투자기업에 대한 정부의 세제 혜택이 폐지되면서 투자 매력이 크게 떨어졌다. 글로벌 기업 입장에서는 한국의 규제가 많아지고 경영 여건이 까다로워지면 다른 나라로 옮기지 않을 수 없다. 공장이 세계 곳곳에 있으니 그냥 다른 데로 옮겨버리면 그만이다. 경쟁국들은 한국의 불리한 여건을 앞세워 자국으로 유치하려고 나서는 형국이니 속상한 일이 아닐 수 없다. 그러니 사실 외국기업 한국법인 경영자들은 절대적으로 불리한 조건에서 싸우는 세일즈맨이라고 볼 수 있다. 그러나 낙망하지는 않는다.

'무역의 날'은 수출증대에 공을 세운 기업을 격려하는 기념일이다. 이와 마찬가지로 한국에 많은 투자를 하고 성실한 기업 활동을 해온 외국기업과 외국인을 위한 기념일도 있다. '외국기업의 날'이 그것이다. 이날 정부는 그러한 외국기업과 외국인을 선발해 공로를 치하하고 격려하는 행사를 개최한다. 이 행사는 산업부가 주최하고 외국기업협회가 주관하는데, 산자부 장관과 각국 대사, 주한미국 상공회의소를 비롯한 각국 상공회의소 회장과 외국기업 대표자와 임직원 등 약 700여 명이 참가한다. 이러한 면면을 통해 국내의 외국 투자기업의 위상도 괄목하게 도약하리라 믿는다.

한국외국기업협회 명예회장으로서 나는 외국기업을 유치했을 때 발생하는 여러 장점과 우리 정부의 문제점에 관해 지속적으로 언론에 언급하고 있다. 우리나라는 중소기업 육성도 서투르지만 외국의 뛰어난 중소기업의 국내 진입에도 이런저런 장애물을 설치해 두고 있기 때문이다.

세계 최고급기술이라야 살아남는다

우리나라 중소기업의 창업과 번성도 좋지만 외국의 선진 중소기업이 우리나라로 들어와 세계 시장을 공략한다면 금융과 기술 발전을 비롯해 국가 안보에도 보탬이 된다. 첨단기술은 하루 아침에 이루어지는 것이 아니고 기술 강국이라도 연구에서 설계와 생산까지 혼자서 뚝딱 해치울 수도 없다. 투자가 중요하지만 자금만 있다고 되는 일이 아니다. 시간과 인적 자원으로도 금방 이루어낼 수 있는 일도 아니다. 이 모든 것이 어우러진 유기적 협업이 중요하고 그 규모가 세계적일수록 세계 일류에 도달하기 쉽다.

유럽의 강소기업이 세계적 기술을 보유하고 유지하는 이유가 바로 그 때문이다. 전 세계에서 알아주는 기업이 흩어진 유럽에는 하다못해 하수도 시설에 사용하는 밸브도 엄청난 고급기술의 집약체로 발전시켜야 세계 시장에서 살아남는다. 항공기와 자동차만이 아니라 침대와 가구 같은 사소한 소비재도 마찬가지라 하겠다. 오랜 시간에 걸쳐 다양한 문화와 다양한 시장을 경험하면서 발전하고 응용한 결과가 최고의 제품으로 실현된다.

지금은 비즈니스 양상은 물론 일하는 방식의 변화가 불가피한 4차 산업혁명의 사회적 대전환기다. 정보화·디지털화 시대로 접어들면서 기업과 시장의 변화 속도가 상상을 초월하고 있다. 그러다 보니 경쟁 구도도 글로벌화되었고, 누가 어디서 무엇을 하고 있는지 알 수 없으며 언제 어떤 경쟁자가 나타날지도 예측하기도 어렵다. 생각할수록 식은땀이 흐르고 오싹해지는 기분은 기업 경영자라면 누구나 느낄 것이다.

지금의 변화 속도라면 아마 10년 뒤의 세상은 전혀 다른 양상을 보여줄 것으로 전망된다. 사물에 인터넷을 접속하고, 웬만한 작업은 기계가 사람을 대신하는 이전의 산업사회와는 전혀 다른 세상이 도래한다. 이러한 사회는 어쩌면 몇 사람이 독식하는 닫힌 사회가 아닌 여러 사람이 더 많은 기회를 맞게 되는 열린사회일지도 모른다. 그러한 미래와 함께 찾아올 새로운 기회를 나의 것으로 낚아채기 위한 제일의 가치는 끊임없이 자신을 채찍질하는 것이다.

35.

내가 아는 한 그렇게
인색한 기업인은 없다

가슴에 품고 살아온 생각

내가 기부하는 돈으로 공부하는 젊은이가 자신과 대한민국의 미래를 설계한다는 사실이야말로 가슴 뿌듯한 기쁨이다. 하지만 그러기 위해서는 여건도 중요하지만 고민과 합의 과정과 용기도 필요하다. 돈을 쓰는 일도 돈을 버는 일만큼이나 용의주도해야 성과를 볼 수 있다는 말이다.

해남 땅끝마을 어룡도에 살았던 어린 시절, 그때는 나라 전체가 가난한 살림을 하느라 힘들지 않은 사람이 없었다. 외국에서 원조받은 우유와 옥수수와 빵 등의 식품을 받아와서 먹던 기억이 있다. 다 같이 가난한 살림인데도, 아껴서 학용품 같은 것을 보내주는 우리나라 사람들도 있었다.

부산에서 생활하던 중·고등학교 시절, 그리고 울산에서 지낸 대학 시절까지, 나는 고등학교와 대학교를 장학금으로 다녔기 때문에 보은하겠다는 생각을 늘 가슴에 품고 살아왔다. 하지만 다른 사람들에게 도움 주는 활동을 본격적으로 시작한 것은 불교 공부를 제대로 시작하면서부터다. 아침마다 부처님 공부를 하고 출근하면서 '제가 하는 일을 성취하게 해주시면 부처님 가르침을 전하는 데 꼭 쓰도록 하겠습니다'라는 말을 새겼다. 진실로 큰 목적의식을 두고 그렇게 외지는 않았지만 하루같이 반복해서 되새기다 보니 어느 날 나도 모르게 자선 활동을 하고 있었다.

아마도 반복해서 '부처님 가르침을 전하는 데 쓰겠습니다'라고 외다 보니 신념처럼 굳어진 게 아닐까 싶다. 그 전까지는 불교 신도로서 개인적으로 절에 시주하고, 고향 노인정에 막걸리를 사드리는 그런 평범한 활동들을 해왔다면, 좀 더 적극적으로 보시(布施) 활동을 하게 되었다고 할 수 있다.

'드림 스칼라십' 장학금

일부에서는 기업을 운영하는 사람들이 돈만 알고 사회 환원에는 인색하다고 여기기도 하는데 내가 아는 한 그렇게 인색한 기업인은 없다. 설령 장학금을 받은 적이 없는 기업인이더라도 장학금 지원

같은 방식의 사회 환원을 꿈꿀 것이라고 생각한다.

내가 고려대학교 교우회 부회장과 경제인회 부회장을 맡고 있을 때 고려대학교 교우회를 통해 2011년부터 학생들에게 장학금을 지급하게 되었다. 당시 고려대학교에서 지방 출신 학생들에게 생활비 같은 용도의 장학금을 좀 지원해줬으면 좋겠다는 요청을 해 왔고, 나는 흔쾌히 참여하기로 했다. 지방에서 서울로 유학 온 대학생들 같은 경우 자취방이나 하숙방 비용을 마련하기 위해 아르바이트를 하게 되면서 공부에 집중하지 못하고 그러면 장학금을 받지 못하는 악순환이 계속된다. 당연히 서울에서 통학하는 동기들과의 경쟁에서 밀리게 된다.

'드림 스칼라십'이라고 부르는 이 장학금은 지방에서 올라와 하숙이나 자취생활을 하는 학생을 대상으로 매년 장학금을 지급한다. 취지에 맞추어 성적이 원만한 지방 출신 고대생 몇 명을 선발해 생활비 걱정을 덜어주는 장학제도다. 학생 한 명당 월 50만 원씩 1년에 총 600만 원을 지급함으로써 생활비 걱정 없이 공부에 전념할 수 있도록 배려한 것이다.

한편 개인적으로는 나의 고향 땅끝마을 해남의 송지면에 소재한 초중고 학생들에게도 지난 2010년부터 2022년까지 매년 300~500만 원씩 장학금 혜택을 주었다. 당시 미황사의 주지 금강 스님은 매년 이 장학생들을 템플 스테이에 초대하여 꿈을 이룰 수 있도록 조언을 해주었다. 이 지역 어린이들 중에는 경제적 사정이 어려워, 초등학교 졸업 후 중학교

'드림 스칼라십'이라고 부르는 이 장학금은 지방에서 올라와 하숙이나 자취생활을 하는 학생을 대상으로 매년 장학금을 지급

에 올라갈 때 학용품 마련할 돈이 부족한 사례도 있다고 한다. 그래서 금강 스님께서 초등학교 졸업에 맞춰 아이들에게 30만 원을 장학금으로 지원하신다는 소식을 들은 후 나도 돕겠다고 자청하여 동참하게 된 후 차차 중학생, 고등학생들에게도 장학금을 지급하게 되었다.

장학금 덕분에…

조계사의 지역미래불자육성장학회, 극동방송국에서 운영하는 장학프로그램에도 동참해오고 있다. 지금까지 내가 기부한 장학금을 모두 합하면 1억 원 이상이다. 뭐라고 할까? 여건 어려운 학생들에게 장학금 혜택을 주는 것은 다른 기부활동도 그렇지만, 특히 기분이 뿌듯하다. 감사 표현과 함께 장학금 사용 계획을 담은 감사 편지를 받을 때의 감동은 이루 말로 표현하기 어렵다. 그 편지들을 읽으면서 거꾸로 그들에게 배운다. 장학생들의 편지를 잠깐 소개한다.

"아마 저는 내년 2학기에 복학을 할 것 같습니다. 그리고 그때가 되면 다시 대표님이 기부해 주신 장학금을 받고 학교를 다니게 될 것 같습니다. 비록 지금은 장학금을 받을 수 있는 상황은 아니지만 장학금 수혜로 일 년간 학업에 열중할 수 있었고 앞으로의 일정에도 학업 이외의 고민이 없으니 지금의 공부에 충실할 수 있는 것 같습니다… 주신 장학금은 평소 생활비로 주로 사용하지만 이를 조금씩 모아 휴학 기간 동안 인강비, 책값 등으로 사용했습니다. 또한 이를 통해 경영대학 고시준비반 시험을 통과해 고시반에서 지원을 받으며 공부 중입니다." (진현 군의 편지 중)

> 제가 직장을 구하고 생활이 안정되었을 때 저 또한 후배들을 위해 아낌없이 지원을 해주고자 하는 마음을…

"장학금 덕분에 학업에 조금 더 집중할 수 있고, 현실적인 생계 유지를 고려하지 않아도 되기에 제가 목표하고자 하는 일을 할 때 부담을 덜 수 있습니다. 게다가 이번 학기에는 드림 스칼라십까지 지원을 받게 되었는데, 이를 통해 생활비까지 지원을 받게 되어 여느 때보다 더욱 수월하게 학기를 보낼 수 있었습니다. 1학년 때부터 장학금을 받아 온 저는 항상 감개무량하며 제가 직장을 구하고 생활이 안정되었을 때 저 또한 후배들을 위해 아낌없이 지원을 해주고자 하는 마음을 항상 갖곤 합니다." (김주현 양의 편지 중에서)

"지난 한 해는 제 인생에 있어 끝이 보이지 않는 터널과 같던 시기였습니다. 마음대로 되지 않는 수험생활과, 코로나로 인해 어려워진 가계 사정, 그로 인한 가족 내의 시시콜콜한 다툼까지, 몸과 마음이 지치고 막막한 상태로 휴학 시기를 보냈습니다. 지난겨울에는 결국 건강이 너무 나빠져서 수험 생활을 끝마쳐야겠다고 마음먹었고, 일단 졸업이라도 해야 할 것 같아서 무작정 서울로 올라왔습니다. 그런데 서울에 올라오니 금전적 어려움까지

겹쳐 너무나 괴로웠습니다. … 그러던 중 장학금 수혜 확정 문자를 받고 너무 기뻐서 부모님께 바로 전화 드렸던 기억이 생생합니다."(김혜림 양의 편지 중에서)

"물가가 치솟은 이후로 여전히 부담스러운 수준에 머물고 있는 만큼, 생활비 명목의 장학금은 늘 그렇듯 큰 힘이 되고 있습니다. 이번 조계사 지역미래불자육성장학에서 따뜻한 손길을 내어 주신 만큼 알차게 사용하여, 가족구성원으로서 부모님께 작게나마 힘이 되어드리고 싶은 마음입니다. 나머지는 저축하여 예상치 못한 병원비나 긴급히 금전적인 문제가 발생한다면 이를 해결하는 데 사용하고 싶습니다."(오하니 양의 편지 중에서)

#
미지의
시간

36.
대표님의
성공 비결은 뭔가요?

삼성전자 신입사원의 퇴사율

요즘 실업자 10명 중 7명이 청년이라는 조사 결과가 있다. 청년 실업 증가의 그 실체를 들여다보면, 일자리가 절대적으로 부족한 것은 사실이지만, 한편으로는 구직자들이 대기업을 선호하여 생기는 현상이다. 중소기업은 오랫동안 구인난에 시달려 왔음을 우리는 익히 잘 알고 있다.

하지만 그렇게 어려운 관문을 뚫고 대기업에 취직한 청년들 가운데 약 30%는 평균 3년 이내에 퇴사한다는 통계도 있다. 전체적으로 입사 후 1년 안에 퇴사하는 청년들의 비율은 300인 이상 기업은 약 18%, 300인 이하 기업

요즘 삼성전자도
신입사원의 3분의 1이
1년 안에 그만두는
실정이고, 다른 기업들도
다르지 않을 것이다

은 약 40%이며, 전체 평균 퇴사율은 28% 정도이다. 요즘 삼성전자도 신입사원의 3분의 1이 1년 안에 그만두는 실정이며, 다른 기업들도 다르지 않을 것이다.

　나는 공고와 공대를 졸업한 후 기술자로 비교적 순탄하게 사회생활을 시작했고, 사회 진출을 염두에 두고 고등학교 진로를 정했기 때문에 청년들의 취업에 관심이 많다. 내가 명예회장으로 있는 한국외국기업협회는 청년 취업을 돕기 위해 '청년취업아카데미'와 'CEO 특강'이라는 특별 프로그램을 운영해왔다. 이 가운데 '청년취업아카데미'는 국내에서 거의 유일한, 구직자와 글로벌기업을 직접 매칭해 주는 서비스로 다양한 지원과 대외활동을 펼쳤었다.

　'청년취업아카데미'는 내가 회장직을 맡기 전부터 가장 관심을 두고 있던 사업이었는데, 공교롭게도 내가 회장으로 취임한 다음 해인 2018년에 정부 정책에 따라 폐지되고 말았다. 하지만 당시 정부 방침이 일자리 창출을 핵심 경제 정책으로 내세웠었기에 나는 이 결정을 다시 논의하기 위해 책임자와 만나려 했지만 면담이 성사되지 않았다. 사업의 큰 뜻은 외면하고 어느 단면만을 보는 협소한 안목으로 사업 해지를 결정한 정부 관계 기관의 단편적인 행정에 의해 좋은 프로그램이 사장되다시피 한 셈이라 아쉽다.

　'청년취업아카데미'는 아쉽게 폐지되었으나 한국외국기업협회가 국내 주요 대학과 연계하여 운영하는 'CEO 특강'은 여전히 성황리에 운영 중이다. 'CEO 특강'은 협회 회원사 대표가 주 1회 국내 주요 대학으로 찾아가 학생들에게 글로벌기업의 최근 채용 트렌드와 경영 현황 등을 소개하는 프로그램이다. 어떤 대학에서는 재학생들을 위한 하나의 과정으로 개설한 경우도 있어서 외국기업 대표들이 글로벌 기업에 대한 경험이나 사회에 먼저 진출한 선배로서, 또는 인생 선배로서 겪은 다양한 경험담을 들려주고 있다. 외국기업이라는 특수성과 직접 기업을 운영하고 사원 선발을 책임지는 CEO에게 듣는 취업 정보인 까닭에 학생들의 호응도가 상당히 높다.

이러한 프로그램과 연계하여 우리 협회에서는 2006년부터 '외투기업 채용박람회'를 후원해 오고 있다. 이 박람회는 산업통산자원부와 대한무역진흥공사 등의 노력으로 외국계 회사들이 대거 합류해 대성황을 이루고 있으며, 이 박람회를 매개로 외투기업들은 총 1,100명의 신입사원과 경력사원을 채용해 오고 있다. 그렇다 보니 외투기업과 취업 희망자, 양쪽 모두의 관심이 뜨겁다.

취준생을 위한 '맞선 자리'

———

청년들은 국내 기업에 비해 친밀하고 수평적 기업문화를 가진 외국인 투자기업을 선호한다. 그들은 글로벌 시대에 발맞추어 국내에 진출한 외투기업에 취업함으로써 인생의 스펙트럼의 폭을 훨씬 더 확장시킬 수 있기 때문이다. 그러나 외투기업은 다양한 채널을 통해 수시로 사원을 채용하되 대개는 경력사원을 위주로 선발하기에, 대학에 재학하는 취업 준비생들로선 관련 정보를 한눈에 파악하기가 무척 어려웠다. 이러한 한계를 조금이라도 보완하고자 시작한 구직자와 채용기업의 '맞선 자리'인 박람회 개최 이후부터는 대학생 취준생들의 그러한 어려움을 덜어주었을 뿐만 아니라 외투기업의 신입사원으로 채용될 수 있는 최고의 등용문을 제공해주는 역할까지 하게 된 셈이다.

외투기업 입장에서도 회사의 장점과 특성을 알리면서 비전도 공유하는 좋은 기회가 된다. 국내에서는 낯선 외국계 기업일지라도 청년들에겐 익숙한 경우가 많다. 그만큼 우리 청년들이 글로벌 마인드로 무장돼 있다는 증거다. 하지만 그들도 스위스의 세계적 산업 자동차 기업 ABB나 미국 반도체 기업 온세미컨덕터라는 회사를 알지 못하니 그들 기업의 특징과 장점도 알 수 없고, 더군다나 그러한 회사의 규모와 채용 방식을 알 리 없다.

취업준비생들이 자신들이 관심 있는 기업체 사람들과 만나서 직접 대화를 나누는 자리는 거의 없다. 그런 대학생들에게 GM, 구글, 인텔 등의 글로벌 기업에 대한 입사 관문은 더욱 높은 장벽으로 느껴지고, 지원해볼 엄두조차 낼 수 없는 두려운 목표들이다. 그런 취준생들이 불안감을 해소하고 자신감을 가질 수 있는 기회가 되어준다. 박람회장을 돌아보며 '해볼 만하다'는 구체적인 의지를 가질 수 있는 것이다.

244

이런 기업에 취직하라

사실 외국기업 입장에서는 사전 준비부터 행사 진행까지, 시간과 비용이 많이 들어가고 인력도 투입해야 하는데도 불구하고 꾸준히 개최하는 이유는 채용박람회를 통해 채용한 직원들의 충성도가 훨씬 높다는 장점이 있기 때문이다. 또한 기업들의 채용 결과에 따르면, 소위 일반적으로 선호하는 유명대학 출신들보다 약간 밑도는 평가를 받는 대학 출신들이 회사 업무를 더 열심히, 그리고 잘하는 것으로 보고되고 있다.

잠깐 여담 하나를 곁들이면, 내가 한국외국기업협회 회장으로 있을 때 역점을 둔 사업은 기업의 사회공헌 차원에서 회원사들과 함께 봉사활동을 시작한 일이다. 당시 나는 2017년에 전임 회장님의 중도 사임에 따라 잔여 임기를 맡아서 한국외국기업협회 회장으로 취임했었다.

"우리 협회에서도 뭔가 의미 있는 봉사활동을 합시다. 어때요? 당장 장학재단을 만들 형편은 아니지만 간단한 장학사업이나 사회 봉사활동은 시작할 수 있잖아요!"

물론 회원사별 자체적으로 운영하는 공익 활동이 있었지만, 협회 차원의 공헌 사업은 아주 적었으므로 대단한 규모의 사회 환원이나 인재 육성은 아닐지라도 협회 차원의 사회 활동이 필요하다고 생각했다.

"우선 우리 협회와 연관 있는 지역이나 도움이 필요한 곳을 좀 알아봅시다. 보이지 않는 곳에서 조용히 이웃에 도움을 줄 수 있다면 좋겠군요."

보다 의미 있는 활동을 할 필요성을 느꼈던 나의 제안에 회원사들이 찬성을 표했고, 고민하고 의논하며 준비한 끝에 몇 가지 사업을 시작했다. 농촌 어린이 청소년 폭력 예방 프로그램과 노인요양 시설 방문, 그리고 서울역 노숙자 무료급식 봉사와 쪽방촌 무료급식 등이었으며, 이는 한국외국기업협회가 사회봉사 활동을 지속적으로 해가는 기틀을 마련하는 계기가 되었다. 특히 불교 신자인 내가 회장으로 재임하던 중 기독교 관련 단체에서 주관하는 서울역 노숙자 무료급식 봉사활동을 시작한 것은 개인적으로도 의미가 크다. 내가 임기만료로 퇴임한 후 코로나 팬데믹이 시작되었음에도 불구하고 협회의 주요 활동으로 지속되어 온 점은 기대 이상의 성과라고 생각한다. 나도 시간이 허락한다면 계속 함께하며 나눔의 기쁨을 누리려고 한다.

취업준비생들은 대부분 '연봉'을 기준으로 취직하고 싶은 회사를 고르는데 사실 그다지 의미 있는 기준은 아니다. 내가 인생 선배로서 권유하는 취직 우선순위 기업들은 이런 곳들이다.

첫째, 내실을 중시하는 기업이다. 어떤 한 분야에 꾸준히 집중하는 전문성이 있는 기업이 그런 곳들이다. 이것도 하고, 저것도 하면서 일을 벌리는 기업에는 입사하지 않는 게 좋다.

둘째, 신용을 중시하는 기업이다. 신용은 약속과 똑같은 것이고, 기업은 약속의 연속이라고 할 만큼 약속이 많다. 작은 약속이라도 지키는 것과 안 지키는 것의 차이가 만들어내는 결과는 엄청나게 다르다.

셋째, 고객을 중시하고 고객 입장에서 모든 걸 생각하는 기업이다.

넷째, 사회 공헌도가 높은 기업이다.

다섯째, 직원을 중시하는 기업이다. 물론 주주를 중시하는 회사가 좋은 기업이지만, '직원'을 중시하는 기업이라고 한정한 것은 직원에게 잘하는 기업이라면 주주에게도 혜택이 자동적으로 잘 돌아가기 때문이다.

내가 대학생들에게 가장 많이 받은 질문은 대개 성공 비결에 관한 것이다. "이승현 대표님의 성공 비결은 뭔가요?" 이렇게 묻는 그들에게 나는 딱 한마디로 답해 준다.

"이 세상은 최선을 다해서 열심히 살면 절대 나를 배신하지 않는다."

이 말은 내가 경험한 인생에서 얻은 정수이자, 결과물이다. 마찬가지로 자신의 꿈이 무엇이며 어떤 사람으로 살아갈 것인지를 분명하게 정립한 사람이라면, 위에서 언급한 5가지 기준에 적합한 기업이 어떤 곳인지를 명확하게 알 것이다.

37.

나의 사랑 지리산,
그리고 미국 그랜드캐니언

지리산 일출

대개들 어머니의 산이라고 말하지만, 지리산에 대해 어떠한 산이라고 딱 잘라서 말하기가 어렵다. 산 지름이 270㎞인 지리산에는 100개가 넘는 계곡이 있다. 남한의 산들 중에서는 한라산(1950m) 다음으로 높은 1915m에 이르고, 어머니의 산답게 산신령도 할머니라고 알려져 있으며 전라남도, 전라북도, 경상남도 3개 도를 품고 있다. 이 사실만으로도 훌륭한 최고의 산이라는 점에 이견이 없다.

나는 지리산을 혼자서도 올랐지만, 다른 사람들과 함께 단체로도 올랐다. 혼자 등산할 때는 생각이 많아지니 많은 생각을 할 수 있고 스스로 마음을 다잡을 수 있는 계기로 삼을 수 있으니 좋다. 사람들과 오를 때는 옆 사람을 의지할 수 있다. 등산하며 체력을 검검해보기도 한다.

지리산을 맨 처음 오른 것은 20대 초반 대학생 시절 친구들과 함께였고, 눈이 내리던 겨울이었다. 정상에 올랐을 때 시야가 흐려서 앞이 잘 안 보였던 기억이 있다. 성인이 되어서 다시 지리산에 올랐을 때 역시 구름이 잔뜩 낀 흐린 날이었고 비가 내리기도 하였다.

그러다 2010년에는 지리산 종주에 나서게 되었는데, 등산회에 가입하여 활동할 정도로 등산을 좋아한 까닭도 있지만 우리나라를 좀 더 알고 싶어서였다. 2박 3일간 지리산 능선을 따라 걸으며 움츠려 있던 나의 도전정신을 되살리고자 했다. 나의 산행은 지리산에서 시작해 한라산과 소백산, 태백산과 속리산, 설악산으로 이어지는 백두대간을 완주하는 놀랄 만한 여정이었다.

이렇게 가까이 하게 된 지리산을 지금까지 일곱 번 올랐다. 그리고 일곱 번째 등산 때 처음으로 일출을 보았다. 덕이 좀 모자랐을까? 3대가 덕을 쌓아야 볼 수 있다는 지리산 일출을 여섯 번 오를 때까지 보지 못하다가 장모님 천도재의 여섯 번째 재를 올린 다음 날, 갑자기 구름 사이로 열린 일출을 찰나간에 접하였다. 아침 5시에 일어나 촛대바위를 거쳐 촛대봉에 오르자 구름 자욱한 틈 사이로 여명이 밝아오고 있었다. '오늘도 역시 해를 보지 못하는구나. 여명이라도 볼 수 있어서 감사합니다.' 체념하고 발길을 돌려 아랫길로 몇 걸음 들어서던 찰나 일출이 선연히 드러났다. 불과 1~2분 정도만 구름 사이로 나타났던 일출 장관은 내가 조금이라도 서둘렀거

체념하고 발길을 돌려
아랫길로 몇 걸음
들어서던 찰나 일출이
선연히 드러났다. 불과
1~2분 정도만 구름 사이로
나타났던 일출 장관

나, 약간 늑장을 부렸다면 보지 못하고 놓쳤을 선물이었다. 장모님의 천도재를 올리는 중이라 마음은 더 상기되었고, 조상께 감사드렸다.

"너무너무 감사합니다. 우리나라 모든 사람들이 행복하고 건강하게 살게 해주세요. 우리나라가 세계 중심에 설 수 있도록 해주세요."

나는 기도할 때마다 이렇게 말한다. 지리산 칠성사 주지 스님이 '큰 틀에서 기도해야지 자기 기도만 하지 말'고 하며 가르쳐준 기도를 시작한 이래 나를 위한 기도는 안 한다. 그렇지만 기도의 마지막에 우리 가족을 위한 기도는 살짝 발원한다. 나라와 회사가 잘되면 내가 잘되겠지만, 나라가 잘못 되면 내가 잘될 수 있겠는가? 나라가 어려운데 개인의 행복이 어떻게 있을 수 있겠는가? 하는 질문을 우크라이나와 러시아의 전쟁, 가자지구에서 일어난 팔레스타인과 이스라엘의 극심한 전쟁이 우리에게 던지고 있다.

국립공원이 주는 이익들

산이든 바다든 우리의 산하는 우리 모두의 건강을 지켜주는 아주 큰 자산이다. 외국인들도 많이 찾는 관광자원일 뿐 아니라 복잡한 마음, 응어리진 마음, 답답한 마음을 풀어주니 마음의 병을 싹 치료해 주는 힐링센터요 흐트러진 마음 다잡게 하는 죽비 같은 존재다. 국립공원이 우리에게 주는 이익이 엄청나다. 갈수록 우리 국민의

시민의식이 높아지는 덕분에 산에서 취식하거나 쓰레기를 함부로 버리고 오던 무분별한 습관도 바로잡혀 가며 질서의식이 대폭 향상 되었다.

지리산 같은 국립공원에 갈 때마다 느끼는 것은 국립공원 관리공 단의 직원들이 아주 착하고 친절하다는 점이다. 산길을 돌아다니 면서 쓰레기 같은 것을 줍기도 하고 길이 무너지거나 나무가 쓰러 져 있으면 사진을 찍어서 즉각 보고하며 공사의 필요성을 제기하는 모습을 자주 보았다. 국립공원 관리자들은 한편으로 국민의 안전과 생명을 챙겨주고, 입산자들이 먹고 잘 곳들도 관리하는 일을 한다.

등산을 즐기는 사람만 산에 가는 건 아니고, 바다 좋아하는 사람 만 바다에 가는 것은 아니지 않은가? 더 많은 예산이 국립공원을 관리하고 관리자들의 처우를 개선하는 데 사용될 필요성이 있다. 국립공원 내 편의시설들의 수준도 아직은 많이 뒤쳐져 있다. 국립 공원 관리공단에서 직원 교육을 꾸준히 시키는 것으로 알고 있지 만, 처우 개선이 되었다는 소식은 듣지 못했다. 산이든 바다든 국립 공원에서 일하는 사람들도 먹고사는 게 안정되고 근무환경이 좋아 지면 일하는 얼굴은 저절로 펴지고 밝아진다.

미국 같은 지역으로 출장을 가거나 여행 또는 등산하며 접한 선 진국 국립공원 관리자들을 잊을 수 없다. 외국인인 내가 보기에도 그 사람들이 얼마나 자기 일에 자부심을 가지고 일하는지 금방 알 수 있었다. 내면의 무언가를 치유하기 위해 산을 찾은 사람들은 물 론 아무 생각 없이 산에 오른 사람들마저 행복감에 젖게 만드는 모 습이었다. 그들은 그저 자기 일에 프라이드를 가지고 자기가 해야 할 일을 하고 있었을 뿐인데도 마음의 한 점 티끌까지 싹 씻길 정도였다.

광활한 대협곡을 보고 자란다면

—

2018년 가을에 그랜드캐니언을 처음 방문했을 때, 그 장관 앞에서 나는 미국은 지구상에서 가장 축복받은 나라로구나 하는 느낌을 받았다. 거기서 접한 자연의 위용은 인간의 손으로는 도저히 빚어낼 수 없는 신의 선물이었다. 미국이 왜 이렇게 강대국이 되었는지를 알 수 있었고, 미국을 여행하는 사람들이 굳이 그랜드캐니언을 다녀오는 이유를 물어보지 않아도 알 만했다. 그랜드캐니언을 접한 나의 첫 인상은 왜소한 인간의 스케일을 확장하는 교육장과 수련장으로 강추할 만한 학습장이었다.

그랜드캐니언은 미국 남서부의 고원지대의 콜로라도강이 흘러가면서 깎아내리거나 쌓아올린 지층으로 만들어진 계곡으로 파웰 호수에서 미드 호수까지 이르는 구간을 말한다. 콜로라도강의 유역은 남한 땅의 반 정도인 약 63만㎢의 넓이에 길이 2,330㎞이며, 그랜드캐니언 국립공원은 제주도 면적보다 2.7배 넓은 4,930㎢이다. 그랜드캐니언 국립공원의 협곡 사이로 흐르는 콜로라도강의 길이는 443㎞이다. 그랜드캐니언을 따라 유람하면 강이 계곡을 만들었는지, 계곡이 강을 만들었는지 구분할 수 없을

> 어릴 때부터 그렇게 광활한 대협곡을 보면서 자란다면 자연스럽게 마음자리도 광대해지지 않을까

정도로 웅장하다. 배를 타고 유람하려면 2주
일 걸린다고 하는데, 나는 10일 동안 육로 여
정을 따라서 전역을 돌아보았다.

어릴 때부터 그렇게 광활한 대협곡을 보면
서 자란다면 자연스럽게 마음자리도 광대해지
지 않을까 생각했다. 석유 같은 천연자원이 풍부할뿐더러 드넓게 펼
쳐진 비옥한 땅에서 기계 농사를 지을 수 있으니 좁은 땅에서 조물
거리며 살아가는 우리네와는 생각의 규모도 다를 것 같았다.

그랜드캐니언처럼 관리가 잘된 국립공원이 미국에는 굉장히 많
이 조성되어 있는데, 공통점이라면 주로 산악지대의 높은 지대에
위치한 점이다. 그래서인지 국립공원 입장료가 상당히 고액이고,
그 입장료 수입은 국가를 위해 헌신한 분들의 복지 등을 지원하는
데 기부된다.

2023년 우리나라에서는 국립공원 입장료가 폐지되었으므로 비
교하기 곤란하지만 이렇듯 국가가 관리하는 문화관광 자원으로 벌
어들인 수입을 국가에 헌신한 영웅들의 노후와 복리후생에 사용하
는 것만큼은 우리나라도 고려해 봤으면 좋겠다. 아니, 이렇게 좋은
정책과 투명한 예산집행은 얼마든지 베껴도 좋은 일이 아닌가.

38.

'초코파이 계'

가난한 나라 옆 부자 나라

나에게 미국과 유럽은 수시로 출장을 다녀오는 지역이다. 일본에서는 약 10년간 살았으니 선진국 체험은 남들보다 훨씬 많이 했다고 할 수 있다. 그러나 경제발전에 뒤지거나 몰락한 나라들에 대한 체험은 북한 개성공단 방문을 제외한 몽골, 남미, 남아프리카 등지는 2014년 이후 본격적으로 돌아볼 수 있었다.

몽골은 비즈니스를 겸해 2015년 8월에 다녀왔다. 몽골은 한국의 새로운 IT 기술을 받아들이고 있으며, 많은 몽골 젊은이들이 한국에 유학 오고 있다. 몽골은 한국을 롤모델로 생각하고 있다. 하지만 몽골은 인구가 너무 적고 정신문화의 발전이 더디다는 단점을 가지고 있다. 국가 지도층과 국정 관리자들이 전근대적 사고의 틀을 벗어던지지 못했으니 IT시대에 적응하기 어렵다. 고루한 사회문화는 정경유착을 넘어 정경일체가 아닌가 하는 생각이 들 정도였다.

몽골의 수도 울란바토르의 겨울은 매연으로 악명이 높다. 각자 탄광에서 채취한 유연탄을 연료로 사용하기 때문이다. 풍부한 자원을 가진 몽골의 지지부진한 성장은 국가 지도자층의 안일한 의식과 전근대적 문화 탓이 아닌가 싶어진다. 역시 일국의 흥망성쇠는 국가 지도자의 도덕성, 그리고 미래를 생각하는 통찰력이라는 사실을 깨닫는 여행이었다.

2020년에는 남미의 여러 나라를 둘러봤다. 이들 나라의 정치·경제적 상황에 관한 궁금증 때문이었다. 이전에는 잘살던 나라가 지금은 왜 가난한 나라가 됐는지 내 눈으로 살펴보고 싶었다. 천혜의 자원 강국임에도, 부패하고 미래를 내다보는 안목이 부족한 지도자가 이끄는 대로 눈앞의 이익에만 매몰된 안일한 상황에 빠져 있었다.

젊은 시절의 꿈이었던 '남아프리카 희망봉' 여행을 이룬 것은 2019년이었다. 섬에서 어린 시절을 보낸 사람으로서 15세기 대항해시대를 겪은 유럽인들의 기상을 직접 체험해보고 싶어서였다. 남아프리카공화국에서 나미비아, 보츠와나, 짐바브웨, 잠비아를 연달아 돌아보자니 지금까지 남아 있는 유럽인의 경제·사회적 영향력을 감지할 수 있었다. 하지만 그곳의 현지인들이 지금도 단순한 일자리에 만족하고 있는 현실은 매우 안타까웠다.

다만 보츠나와는 다른 이웃 나라들과는 달리 상당히 윤택한 생활

"
영국 유학파인 보츠와나
공화국 대통령은 유럽식
국가 경영으로 다른 나라에
비해 엄청난 변화를 이룩해
나라를 발전시켰다

을 하고 있었다. 도로와 건물이 깔끔할뿐더러 1만 달러에 이르는 국민소득은 몇 백 달러에 불과한 이웃 나라와 완전히 달랐다. 그 이유는 지도자의 역량 차이에 있었다. 영국 유학파인 보츠와나 공화국 대통령은 유럽식 국가 경영으로 다른 나라에 비해 엄청난 변화를 이룩해 나라를 발전시켰다.

북한에서 초코파이 간식은

일본항공전자 한국법인 대표로 재직하던 중 개성공단에 다녀온 적이 있다. 그곳에서 기업을 할 수 있을까 하는 기대를 갖고 방문했는데 결과적으로 하이테크 산업은 가능하지 않다고 판단했다. 하이테크 산업에서는 고도로 숙련된 작업자들의 작업이 요구되는데, 개성공단에 배치되는 근로자들은 단순 노동자였기 때문이다.

당시 나는 북한 정부가 방문을 허락한 개성공단 내 몇몇 공장을 돌아보았다. 30만 평 규모에 한국 중소기업들이 지어놓은 공장들은 대부분 단순 조립 또는 가공 형태의 작업을 하였다. 북한 측에서 매일매일 작업자들을 할당해 주었고 임금 또한 그들이 받아서 지급하는 방식이었다.

개성공단은 구내식당 운영방식도 독특해 아주 기초적인 부식 정도만 제공해 주고 나머지 주요 음식은 각자가 준비해 와서 먹도록 통제하고 있었다. 북한 주민들이 남한과 북한의 경제적 차이를 느

끼지 못하도록 하기 위해서였다. 간식으로
는 초코파이가 오전과 오후에 두 번씩 제
공되었으나, 북한 주민들은 '초코파이계'를
만들어서 간식으로 나온 초코파이를 먹지
않고 모았다가 순번으로 계를 탄 후 장터
에 나가서 판매한다고 하였다.

"

개성공단으로 들어가는 동안
산에는 나무 한 그루 보이지
않았다. 지나다니는 사람들도
전혀 없어서 소달구지 하나만
고작 눈에 띄는 점도 놀라웠다

　개성을 오가면서 보았던, 세월을 거스른 듯한 북한의 산야와 농촌은 그립다기보다 가슴을 아리게 했다. 임진각 출경사무소를 출발하여 개성공단으로 들어가는 동안 산에는 나무 한 그루 보이지 않았다. 지나다니는 사람들도 전혀 없어서 소달구지 하나만 고작 눈에 띄는 점도 놀라웠다.

　중국을 통해 다가간 압록강변과 백두산 등정에서도 우수한 역사에 대한 자부심보다는 안쓰러운 현실에 대한 쓰라린 감정이 강하게 남았다. 북한 주민들의 빈곤해 보이는 외모, 아프리카에서나 볼 법한 주거시설 등도 충격적이었다. 중국 내에 있는 고구려 주요 유적지는 중국 역사인 것처럼 변형되어 있었다. 알려진 대로 중국에서는 백두산을 장백산으로 부르고 있었고, 외국인들에게는 입장료도 비싸게 받았다.

다시 냉전시대가 시작되고

───

북한은 동일언어권이라 남한에서 부족한 인력을 보충해줄 수 있으며, 이를 위해서는 통행·통신·통관 문제부터 해결되어야 하는데 이러한 문제는 단시일 내에 해결될 수 있는 사안은 아니다. 인내심을 갖고 풀어나가야 할 문제들이다.

한 나라의 흥망성쇠는 비단 정치체제 못지않게 각 분야에서 국민을 이끄는 지도자의 청렴과 혜안이 중요하다. 국가가 부흥하고 국민이 더불어 잘 살기 위해서는 지도자들이 어떠하냐에 달렸다. 그리고 그 뒤에는 건전한 상식을 가진 국민이 있는 것이다.

그러한 측면에서 북한은 현재 희망을 찾아볼 수 없다. 하지만 남북대결로 인한 대립구도는 장기적으로는 도움이 되지 않기 때문에 인내심을 갖고 북한에 도움을 주어 동아시아 전체가 유럽처럼 발전해가는 방안도 모색해야 할 것이다. 남북 대립에 따른 북한 지원의 완전 중단은 북한의 최상류층 인사들만 원하는 결과라는 점도 무시해서는 안 된다.

더구나 북한은 하마스의 이스라엘 공격이나 러시아의 우크라이나 침공처럼 불시에 우리를 공격할 수 있다. 2022년 12월 말에 북한의 무인기 5대가 서울 영공을 침범했을 때 무대응으로 비판받았던 사례를 기억하면 감시 장비에만 의존할 수는 없다. 특히 하마스의 공격이 이스라엘이 심리적으로 이완되었을 때 발생한 것을 감안하여, 모든 국민이 북한 기습공격에 대한 위기위식을 가져야 하고 훈련도 강화해야 할 것이다.

일본은 오래전부터 북한을 아주 안 좋게 인식해 테러 집단, 적성국가로 대해 왔다. 북한에 납치된 일본인들을 본국으로 돌려주지 않은 사례로 있거니와 미사일을 쏘며 위협하기 때문이다.

해방 후 북한은 일본에 있는 교포들에게 대폭 투자하여 조총련을 만들고 일본 전역에 초등학교, 중학교, 고등학교, 대학교를 설립했다. 이런 학교들이 일본 도마다 몇 개씩 된다. 반면 이승만 대통령은 일본을 굉장히 싫어해 오사카에만 학교 2곳을 설립한 후 민단계를 구성했으나 북한에 고향을 둔 사람들과 공산주의 사상에 빠진 사람들은 민단계로 넘어오지 못했다. 조총련계 학교들은 '위대한 지도자 김정은 동지' 사진을 붙여 놓았을 테고, 재학 중인 여학생들은 지금도 흰 저고리와 검정 치마를 입고 다닐 것이다.

그렇다 해도 일본은 북한을 적대적으로 대한다. 일본에는 공산당이 정식 정당으로 존재하고 의석수도 네 번째로 많다. 일본 공산당은 북중러가 추구하는 공산주의가 아니라 유럽식의 사회주의식 공산주의를 추구한다.

탈냉전 시대가 끝나고 다시 냉전시대가 시작되는 세계 분위기에서 한일 관계는 더욱 중요해지고 있다. 북중러 대 한미일 삼각구도에서 북중러 관계는 끈끈한 우호관계를 보여주고 있지만, 한미일의 남방 3각 구도에는 잦은 변화가 초래되는 것이 문제라고 군사 전문가는 지적한다. 특히 북한의 군사 능력이 증대되는 지금 같은 상황에서는 무엇보다 실사구시 정신으로 한일 관계를 유지하며 협력 가능한 것부터 함께하는 태도가 우선되어야 한다고 강조한다.

> 북한의 군사 능력이 증대되는 지금 같은 상황에서는 무엇보다 실사구시 정신으로 한일관계를 유지

39.

나라의 위상을
결정 짓는 것은?

지금의 변화 속도라면

지금은 변화가 불가피한 4차 산업혁명의 사회적 대전환기다. 세계 산업은 거미줄처럼 연결돼 있으며 기업과 시장의 변화 속도가 상상을 초월할 정도다. 지금의 변화 속도라면 아마 10년 뒤의 세상은 전혀 다른 양상을 하고 있으리라 예상할 수 있다. 어쩌면 여러 사람이 더 많은 기회를 맞게 되는 열린 사회일지도 모른다. 그러한 미래에서는 고루하고 게으른 사람은 도태되고 새로운 능력과 성실성으로 무장한 사람만이 살아남을 것이다.

한국은 세계 10위권 경제 규모를 갖춘 경제 강대국이다. 어떤 면에서는 세계시장에서 글로벌기업과 경쟁해도 살아남을 수 있을 만큼 산업기반이 단단해졌다.

한국무역협회(KITA)는 1946년 무역 진흥과 민간 통상 협력 활동 및 무역 인프라 구축을 통해 한국무역의 새로운 도약을 선도하는 무역진흥 서비스를 제공하기 위해 창립된 기관으로 우리 정부의 역사보다 오래되었다. 회원사가 7만 4000곳에 이르지만, 일반인들에게는 활동 내용이 그다지 잘 알려지지는 않았다. 많은 사람들에게 유명한 서울 강남의 코엑스(COEX), 그 지역 전체가 바로 한국무역협회 땅이다. 우리나라 무역의 첨병으로서 우리나라의 중소기업이나 중견기업들의 해외 수출의 어려움이 조금이라도 해소될 수 있도록 돕고 있다.

한국 경제력, 이런 상태라면

나는 지난 2021년 2월에 취임한 무역협회 제31대 구자열 LS그룹 회장의 회장단에서 3년간 부회장을 맡아 활동했다. 비상근이라 큰 역할을 하지는 않지만, 이사회에 참석해서 무역협회의 방향이나 의견을 함께 결정하는 업무를 한다. 특히 중요한 일은 앞에서 언급한 것처럼 7만 4,000곳에 이르는 회원사들의 수출이 더 잘될 수 있도록 관련 제도 개선을 제안하는 등 다방면으로 돕는 것이다.

무엇보다 무역협회의 다양한 해외 거점들을 활용해서 중소기업의 수출이나 수입 업무가 성공적으로 추진될 수 있도록 최대한 지원해준다. 예를 들면 회원사 요청에 따라 비즈니스 미팅을 할 수 있는 회의실을 빌려준다든지, 일정을 조율해주기도 하고, 어학적인 소통이 원활하도록 영어 등의 어학 지원을 해 주고, 해외 출장에 필요한 호텔 예약을 대신 해주기도 하며, 거래해야 할 무역 샘플을 전달해주는 일도 한다. 장소 대여, 숙소 예약, 샘플 배달 등은 사소한 업무지만 내용에 비해 비용이 많이 든다. 해외 주재원을 파견하지 않은 기업들이 소화하기에는 아주 힘든 면이 많은 이러한 일들이 무역 활동에 장애가 되지 않도록 회원사들의 이용을 적극 독려하기도 한다.

우리나라 기업들의 활약에 힘입어 우리나라의 경제력은 상승했다. 그러나 경제 순위는 하락할 조짐을 보이고 있다. 한국의 GDP 순위의 경우 2005년 10위로 올라섰지만 다시 하락해 2017년까지 10위권 밖에 머물렀다. 그러다가 2018년 다시 10위로 올라왔다가 2019년 12위, 2020년과 2021년 10위였다. 2005년 처음으로 10위를 기록한 지 약 17년이 지나도록 한 발짝도 더 나아가지 못한 채 오히려 뒷걸음치는 형국이다. 해외 투자은행은 우리나라의 경제 성장률을 비관적으로 전망하고 있으며, 전문가들은 이런 상태라면 스페인, 멕시코에게도 추월을 당할 가능성이 높다는 의견을 제시한다.

> " ....
> 해외 투자은행은 우리나라의 경제 성장률을 비관적으로 전망하고 있으며, 전문가들은 이런 상태라면 스페인, 멕시코에게도 추월을 당할 가능성이 높다

반면에 일본은 세계 3위의 경제 규모를 유지하고 있다. 2023년 기준 우리보다 2.5배 큰 규모인 4조 2256억 달러를 달성했다. 1990년대 내리막길을 걸

었던 일본이지만 '잃어버린 30년'을 극복하고 다시 아시아 주도국으로 올라서는 셈이다. 원료와 장비, 그리고 엔지니어링 인력 기반을 우위로 해서 미중 갈등이 커지는 가운데 일본 기업은 반도체 반사 이익도 챙기기 시작했다.

이렇듯 GDP 순위가 3계단이나 하락한 근본 원인은 우리 경제가 활력이 떨어진 것을 주된 요인으로 꼽을 수 있다. 반도체를 비롯한 수출 주력 제품의 수출이 하락하고 있는 데 반해 새롭게 경제를 이끌어 갈 신성장 동력을 키우지 못한 것도 문제로 지적된다. 우리나라는 무역 중심의 경제 구조를 가지고 있기 때문에 한번 힘을 잃으면 회복하기 어렵다고 단언할 수 있으며, 다시 중진국으로 돌아갈 우려마저 제기되는 형편이다.

세계 산업은 거미줄처럼 연결돼 있고, 최고의 기술기업이라 해도 엄청난 시간과 자원을 투자해야 새로운 제품이라는 결실을 볼 수 있다. 세계 곳곳에 상품을 판매하는 무역 중심의 우리나라 경제는 이러한 현실에 부응해 글로벌 기업과 협력하고 공존하는 자세가 필수적으로 요구된다.

국가 위상을 좌우하는 것

—

우리나라는 원화 약세에도 불구하고 중소기업을 중심으로 한 수출이 감소하였는데, 세계 수출시장 점유율은 2017년 3.23%에서 이후 꾸준히 하락해 2023년 상반기 2.59%로 2023년 상반기

“
....
국가의 세계적인 위상은
경제 실력과 동등하게
취급된다. 경제가 추락하 면
국제지위가 추락하고, 안보
위협은 반대로 더 높아진다

2.51% 하락해 1999년 수준으로 퇴보했다. 2023년 기준 기업의 부채 비율도 102.4%로 8년 만에 최고치를 기록하며 좀처럼 감소될 기미를 보이지 않았다. 영업이익으로 이자를 감당하지 못하는 기업들이 전체의 35%를 넘 어섰다. 세계 최고 기업인 삼성전자의 반도체 부문 적자는 금융위기 이후 최악을 기록했다는 게 2023년 1분기에 우리가 받아 든 초라한 경제 성적표다.

대체적으로 국가의 세계적인 위상은 경제 실력과 동등하게 취급된다. 경제가 추락하면 국제지위가 추락하고, 안보 위협은 반대로 더 높아진다. 우리나라는 원자재와 주요 장비류 등을 수입에 의존하는 산업 중심이라 인건비는 경쟁력을 갖추는 데 매우 중요한 요소다. 그런데도 최저임금을 7년간 무려 60%나 상승시켜, 2017년 6460원이었던 최저임금은 10,000원에 육박했다.

수출이 둔화되면 내수 경기 활성화로 경기를 활성화시키는 선순환 구조가 만들어져야 한다. 그런데 수년간 최저임금이 급격히 인상됨으로써 음식업과 편의점 등 소상공인 생업마저 위협받는 지경이다. 결과적으로 내수경기 활성화를 더 어렵게 만드는 요인이 되었다. 우리나라의 최저임금은 일본의 8,700원보다 높고, 대만의 7,160원, 홍콩의 6490원보다 앞서고 있으며, 경제협력개발기구 (OECD) 30개 국가 중 8번째로 높은 수준이다.

더구나 최저임금 인상률을 결정하는 과정도 민주적이지 않다. 노동 생산성 등을 중요 기준으로 삼아야 됨에도 불구하고 정치적 목표나 이념적 요소를 중심으로 결정하는 것이 과연 얼마나 합리적인가? 지역이나 업종에 따라 차등을 두어야 마땅하지만 그런 기준은 마련하지 않고 일괄 적용해 지방이나 영세 업종은 더 이상 영업을 할 수 없다. 참고로 독일과 일본 등은 업종과 지역별로 최저임금을 다르게 책정하고 있다. 일괄 적용은 결코 평등한 기준이 될 수 없다.

40.
작별, 그리고 출발

내려놓기 여행

———

언제부턴가 이유를 알 수 없는 답답함이 가슴을 짓눌렀다. 병원을 찾았더니 별다른 질병은 아니라고 한다. 몸을 위해 마음을 내려놓으라고 했다.

열심히, 성실하게, 부지런히 일하는 것이 전부였던 나는 마음을 내려놓는 방법을 찾기 위해 태어나서 처음으로 아내와 함께 목적 없는 여행을 떠났다. 햇수로 2년이지만, 기간으로는 거의 1년에 가까운 시간 동안 유럽과 남아프리카, 미국과 남아메리카를 천천히 여행했다. 빠듯한 시간 내에 반드시 무언가를 배워오거나 얻어내야 하는 출장이 아니라 마음과 발길이 닿는 대로 떠난 세상 구경이었다.

한국에 있을 때는 마치 K-드라마와 K-POP이 우리나라를 먹

여 살리는 것 같았지만, 여행하는 동안 나
는 우리나라가 '제조 강국'이라는 것을 새삼
스레 확인하게 되었다. 나는 K-드라마와
K-POP을 즐기는 외국인들을 만날 때면
습관처럼 그들이 사용하는 휴대전화, 노트
북, 태블릿, 컴퓨터 등을 살펴보곤 했다. 그
러면서 그들의 얼굴 표정도 읽어내기 시작하였다.

　삶에 여유가 있는 나라의 사람들은 표정이 달랐다. 또렷한 목표
와 희망을 품은 이들은 열심히 일했고 외국인에게도 친절했다. 반
면 관광에 의존하여 살아가는 나라의 사람들은 눈빛이 달랐다. 관
광객의 주머니에 가족 생계가 달린 그들의 눈빛은 필사적이었으나
내 눈에는 행복해 보이지 않았다.

　나라별 사람들의 얼굴을 보면서 내 생각은 자연스럽게 우리나라
는 지금 어떤가 돌아보게 되었다. 오늘날 우리나라가 세계 6대 무
역 대국으로 성장한 원천은 세계 1등 TV와 휴대폰을 비롯해 초미
세 공정이 필요한 반도체, 많은 일자리를 창출하는 조선, 자동차,
건설, 석유화학 등에 있다. 이러한 자산은 일시적인 것도, 사라지는
것도 아니다. 이를 바탕으로 무역 확대를 통한 외화획득이 중요하
다. 제조업은 우리 눈에 보이는 곳에 있지 않아도 최첨단 기술과 밀
접할 뿐만 아니라 안정적인 일자리를 만들어내고 무역의 기반이 된
다. 이러한 제조업의 위상을 제쳐두고 오직 눈에 보이는 K-문화콘
텐츠의 한류 열풍만이 대한민국의 위상을 격상시켰다고 생각하면
이는 착각이다. 세계 여행을 하면서 우리나라 문화콘텐츠에 대한

전 세계의 열렬한 관심을 직접 확인할 때마다 이러한 생각은 더욱 굳건해졌다.

성실함으로 승부했다

—

샐러리맨일 때 나는 직원으로서 개인이 할 수 있는 최대한의 능력을 발휘했다. 나는 우리 회사의 제품이 글로벌 시장에서 1위를 차지하는 모든 과정을 만들어가면서 세계를 움직이는 선진기업의 면모를 생생하게 경험했다. 이 경험은 회사를 나와서 기업을 운영할 때 든든한 밑거름이 되었다.

기업을 시작하면서 많은 위기가 있었으나 치열한 경쟁 속에서 정직과 노력, 그리고 성실함으로 승부를 했다. 그리고 착실한 기업으로 성장시킨 덕분에 나는 한국외국인기업협회 회장을 맡게 됐다. 내 회사 운영을 넘어 여러 기업들, 특히 중소기업과 외국투자기업의 고충을 충분히 이해하고 그들의 어려움을 조금이라도 더 덜어주기 위해 정부와 충분히 논의하는 것이 한국외국인기업협회 회장의 역할이었다.

한국에 돌아온 후 나는 독도를 여행했다. 날씨가 아주 맑아서 독도에 발을 디디고 만세를 부를 수 있었다. 섬에 발을 디디는 것을 '입도(入島)'라고 하는데, 3대가 덕을 쌓아야만 입도할 수 있다는 안내자의 농담 섞인 말에 하늘도 나의 마음을 알아준 것 같아 으쓱한 기분이 들었다.

세계 여행에 이어서 독도에 다녀온 후, 여러 가지 일들이 생겼다.

2021년 1월 조선일보 인터뷰 코너 '최보식이 만난 사람'에 내가 나오자 주목을 받았다. 새 인물을 찾던 국민의힘에 영입이 돼 서울시장 후보 경선에 참여하게 되었다. 맨바닥에서 갑자기 시작하게 된 경선이었으나 생각하지 못한 많은 이들로부터 응원을 받았다. 자신감과 확신을 갖고 후보 면접을 준비하던 중 어머님이 세상을 떠나셨다. 다음날 컷오프 탈락을 통보받았다. 24일간의 길고도 짧은 정치 경험이었다.

2021년 4월에는 무역협회 부회장직을 맡게 되었다. 같은 해 10월에는 한미동맹재단 부회장직도 맡았다. 성격이 전혀 다른 두 단체에서 내게 임원직을 제의한 것이다.

무역협회는 현재와 현실, 이윤과 효율 사이에서 해야 할 일들이 많았다. 한미동맹재단은 그 역사와 상징을 오래오래 후세에 전하기 위해 재단이 한국과 미국 사이에서 군사 동맹 이상으로 기여할 수 있는 좀 더 생산적인 일이 무엇인지를 찾고 있었다. 두 단체는 오랜 역사와 상징성을 가지고 있음에도 불구하고 정부의 성격에 따라 운용의 폭이 달랐다.

뜨거운 가슴을 안고

—

2023년 4월, 나는 무역협회 부회장 겸 한미동맹재단 부회장 자격으로 한국을 대표하여 '한미동맹 70주년 기념행사'에 참여했다. 대한민국을 지키기 위해 몸과 마음을 헌신한 영웅들을 모시고 미국

"
얼핏 보면 연결고리도 없는 변화무쌍한 길을 걸어온 것일지도 모른다. 그리고 내가 앞으로 가야 할 길도 지나온 길처럼 변화무쌍할 것이다

워싱턴 D.C.에 간 나는 그곳에서 한미동맹의 의미가 어떤 무게인지 온몸으로 느꼈다.

'한미동맹'은 세계 역사상 유례없는, 가장 성공적이고 가장 강력한 자유 수호 동맹이자, 자유 민주주의 수호를 위해 싸운 영웅들의 뜨거운 피로 맺어진 혈맹에 다름 아니다. 70년 역사를 넘어 역동적으로 흘러갈 이 동맹의 미래는 더욱 굳건해야 한다. 뜨거운 가슴을 안고 귀국하면서 부국과 강병은 결코 분리될 수 없음을 확인했다. 나라가 튼튼해야 군사를 키울 수 있고, 군사가 강건해야 잘사는 나라를 이룩할 수 있다. 한국과 미국의 관계는 부국과 강병을 위한 두 개의 수레바퀴처럼 함께 나아가야 한다.

세계 여행을 통해 새로운 시선을 갖게 되고, 우연처럼 정치에 입문한 후 우리 경제에서 매우 중요한 무역협회와 한미동맹재단에서 일하게 된 것은 참으로 공교로운 일이요, 다른 한편으로는 운명과도 같다. 나의 가치관이 또 한 번 크게 요동치며 진정한 사명 의식을 갖게 되는 시간으로 남았기 때문이다.

이 모든 관계를 눈으로 보고 몸으로 체험하여 제대로 파악하기 위해, 해남 땅끝마을의 작은 섬 어룡도에서 태어나 지금까지 얼핏 보면 연결고리도 없는 변화무쌍한 길을 걸어온 것일지도 모른다.

"
육신은 중년이 됐지만 나는 마치 소년처럼 미지(未知)에 대한 기대감으로 부풀어 있다

그리고 내가 앞으로 가야 할 길도 지나온 길처럼 변화무쌍할 것이다. 육신은 중년이지만, 나는 마치 소년처럼 미지(未知)에 대한 기대감으로 부풀어 있다.

'최강 소니TV' 꺾은 집념의 샐러리맨
이승현의 세상도발

초판 1쇄 발행 2023년 11월 8일

발행처 꽁치북스
저자 이승현
발행인 최보식
편집인 김선래
배포처 신영북스

출판신고 2023년 8월 28일 제2023-000122호
전화 010-6263-6425 | 이메일 congchi5@naver.com

ⓒ이승현(저작권자와 맺은 특약에 따라 검인을 생략합니다)
ISBN 979-11-984676-0-7 (03320)